はじめての NISA

知識ゼロからの
始め方・選び方

伊藤亮太（CFP・DCアドバイザー）
野原亮（AFP・企業年金管理士）

standards

巻頭記事

たしかに老後は不安だけど……

NISAで投資を始める必要って本当にあるんですか❓

お金は増やしたいけど、**不安**もたくさん！

不安1 結局、貯金だけしていればいいんじゃないの？

不安2 損をするのが怖い！

不安3 「NISAがお得！」と聞くけれど、よくわからない

お金の不安こそ
NISA
で解消！

NISAとは、長期・積立・分散投資により、どんな人でも資産形成できるように考えられた制度。少額で始められて、投資で儲けた利益は非課税になるのです！

➡16ページで解説

そんな不安を払拭してくれる投資に強い2人のお金の専門家

スキラージャパン株式会社 取締役／
証券外務員／CFP®

伊藤亮太

2007年にスキラージャパン株式会社を設立。個人の資産設計を中心としたマネー・ライフプランのサポートなどを行う傍ら、法人に対する経営コンサルティングなども行う。

株式会社ゼロ・ミリオン 代表取締役社長／
証券外務員／AFP

野原 亮

2023年に株式会社ゼロ・ミリオンを設立。中小企業の確定拠出年金を中心とした福利厚生の社外担当として活動し、上場企業等の金融研修なども担当している。

貯金＋投資でインフレ対策ができる！

現金・預貯金

インフレはモノの値段が上がり、相対的にお金の価値が下がること。需要が増えず、原材料高騰などによる悪いインフレには現金・預金は弱い資産といえる

株式などの金融資産

インフレで物価が上がり、企業の価格転嫁が進むと、業績や株価にも反映されやすい。株式投資をしておけば資産が増やせるため、**株式はインフレ対策に有効**

不動産

インフレで不動産も値上がりしやすい。購入時よりも高く売却すれば利益となるほか、賃貸物件なら家賃を増額することで家賃収入が増えるため**インフレ対策に有効**

不安1のアンサー 預貯金だけでは老後資金は足りない！

「貯蓄から投資へ」──国がスローガンとして掲げて長らく経ちますが、まだまだ日本では「ちゃんと貯金していれば、将来は何とかなる」という考えが強く、投資は浸透していません。

2022年8月に日本銀行調査統計局が出した「資金循環の日欧米比較」によると、日本の家計金融資産約2005兆円のうち、現預金は50％を超えています。一方債券・投資信託・株式などの割合は16％。米国の55％、ユーロ圏の31.5％と比較すると、かなり低い水準です。

そして、昨今のコロナ禍やウクライナ情勢などの影響で物価高が続き、家計への大きな負担となっています。2023年に値上げする飲食料品の品目数は、4月18日までの判明ベースで累計2万品目以上にも上ります。前年の2022年は、2万品目の値上げが判明したのは7月だったのに対し、2023年は4月と、3カ月早く到達しました。この物価高の状況をインフレーション（インフレ）といいます。**インフレ化が続くと、日本でも預貯金が実質的に目減りする恐れがあり、貯金だけではどうにもならない可能性があるので**す。NISAで投資すれば必ず資金が増えるとは断言できませんが、**インフレに強い金融資産などに投資をしておいたほうがよいといえるでしょう。**

分散投資をすれば損しにくくなる！

プラス	マイナス	プラス	プラス
	株券	株券	マンション 
投資信託	国内株式	国外株式	不動産

分散投資して、全体の資産がプラスになればOK！

不安2のアンサー 分散投資と余裕資金で投資する

　投資はしておいたほうがよいとわかっても、「投資をしたらお金が減るのが怖い」という人もいるでしょう。投資すれば必ずしもお金が増えるわけではありませんが、「投資によってお金が減るリスクを軽減」することが重要です。この**リスク軽減には「分散投資」と「余裕資金」がカギ**となります。

　分散投資とは、簡単にいえばさまざまな金融商品に投資すること。たとえひとつの金融商品がマイナスになったとしても、ほかの金融資産もすべてマイナスになる可能性は低いといえます。**分散投資で複数の金融商品を保有しておくと、損をしにくいのです。**また、長い目線で見たときに保有する金融資産が結果的にプラスに転じていれば、資金運用としては成功なので、一時的なマイナスは気にする必要はありません。

　また、投資は余裕資金で行うものです。一般的に家計で必要なお金は、日々の生活に必要な「生活費」、働けなくなったときの備えとする「予備資金」、当面使う予定のない「余裕資金」の３つがあり、投資は予備資金をしっかり貯めたうえで余裕資金で行うことが推奨されます。利益が出るに越したことはありませんが、**余裕資金を活用した資産形成であれば、仮に損をしても直近の生活に大きな影響が出ることは少ないでしょう。**

NISAは投資の利益にかかる税金が非課税になる制度！

例：投資で100万円の利益が出た場合……

通常の投資

100万円−20.315％
＝20万3150円

➡利益は79万6850円

NISAを利用した投資

税金がかからない

➡利益は100万円

20万円以上お得！

不安3のアンサー この本でNISAのわからないを解説！

　そして、資産形成のための投資ならば、「NISA（ニーサ）」の活用で有利になります。NISAとは、少額投資非課税制度のことで、投資の利益にかかる税金が非課税となる制度です。

　投資で得た利益には20.315％の税金がかかりますが、NISAを利用していれば非課税になります。 例えば、100万円の利益が出たときに、通常であれば約20万円の税金を払わなければいけないところを、NISAを利用しているだけで非課税となり、100万円をそのまま自分のお金として受け取ることができるのです。NISAを利用するにあたって特別な手続きは必要なく、証券口座を開設する際に「NISA口座を開く」と選択するだけ。誰でも簡単に利用することができます。

　そして、現在施行されているNISA制度は2023年をもって終了し、2024年からは新しいNISA制度が始まります。今の時点でNISA口座を開いておけば、2024年からは自動的に新しいNISA口座に切り替わるため（2023年5月末時点の情報）、早く始めても問題ありません。

　本書ではこのNISAの「わからない」を2人のFPが丁寧に解説、メリットと選び方がわかり、どんな人でも投資を始められるようになります！

貯蓄と投資の将来比較！
投資をしたらどのくらい
資産形成
できるの？

DATA
会社員A
新卒会社員 年収240万円
新卒で会社に入社後、すぐに投資を開始

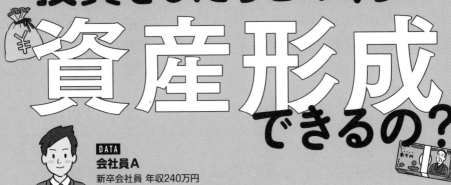

貯蓄額と積み立て金額の推移の例

貯蓄していただけだと
1728万円だったのが……

（万円）
4,000
3,500
3,000
2,500
2,000
1,500
1,000
500
0

Start!
初期投資0円×月2万円×
年利4％で運用開始
資産額：0円

給料も上がり
生活に余裕が
出てきた

月4万円×年利3％で
運用開始
資産額：193万円

資産額：817万円

23歳　　　　　　30歳　　　　　　40歳

※みんかぶ「資産運用シミュレーション」を利用して編集部が作成したグラフであり、
　実際の運用結果を示すものではありません

会社員Ａの投資例

年齢や収入から、下記のとおりに投資を行っていくものとします。
- ●23歳〜30歳：積立金額２万円、年利４％（７年間）
- ●31歳〜60歳：積立金額４万円、年利３％（30年間）
- ●60歳〜65歳：積立金額２万円、年利３％（５年間）

20代は安定した収入や貯蓄がないと仮定し、積立金額は抑えめに。ただ、投資できる年数が長いことから多少のリスクをとって年利４％で運用。30代以降は収入アップを見込んで積立金額を３万円に増やし、年利を３％に抑えて運用。60代は公的年金がもらえるまでの間、少額で積み立て、年利はキープして運用。

積立金額を貯蓄のみに回した場合、65歳時点での貯蓄額は1728万円です。しかし、**投資に回した場合、65歳時点での資産額は3355万円になり、大きな資産形成ができます。**

Goal!

積み立て投資を行うと
最大3355万円の資金形成ができる

➡NISAなら税金もゼロ

定年が近づいてきたので、リスクを抑えておこう

月２万円×年利３％で運用開始
資産額：2783万円

資産額：1656万円

運用益

貯蓄額

50歳　　　　　　　　　　60歳　　　　　65歳

目次

Chapter 1

新NISAって
どんな制度？

Chapter 2
NISAは
どの金融機関で開設したらいい？

Chapter 3
NISAでの
銘柄選びのポイント

Chapter 4

NISAを使った
売買・運用はどうする？

Chapter 5

iDeCoで
老後の資金を盤石にする

Chapter 6

NISA・iDeCoを利用した資産形成プラン

監修・解説

伊藤亮太（いとう りょうた）

スキラージャパン株式会社取締役。証券会社にて営業・経営企画部門、社長秘書等を行う。また、投資銀行業務にも携わる。独立後、不動産を含む資産運用と社会保障（特に年金）を主に、FP相談・執筆・講演を行っている。東洋大学経営学部ファイナンス学科および秀明大学総合経営学部非常勤講師。著書に『キホンから新常識までまるわかり！ 超図解 お金再入門』（PHP研究所）など多数。

野原 亮（のはら りょう）

株式会社ゼロ・ミリオン代表取締役。証券営業・株式ディーラー、営業コンサル会社を経てFPとして独立後、ポイント投資により元手０円から貯めた100万円で法人化。AFP、企業年金管理士（確定拠出年金）、公的保険アドバイザーといった資格を駆使しながら、中小企業への確定拠出年金制度の導入サポートや研修、個人向けの資産運用などの相談役として活躍。FMラジオにレギュラー出演中。著書に『スピードマスター １時間でわかるiDeCo 〜 50代からの安心投資』（技術評論社）、『ポイントですぐにできる！貯金がなくても資産を増やせる「０円投資」』（日本実業出版社）がある。

Chapter 1

新NISAって
どんな制度?

2024年からNISA制度が新しく生まれ変わります。ですがそもそも「新NISAって?」と思う人も多いでしょう。今までのNISAと新NISAを比較しながら、制度の変更点や違いを詳しく解説します。NISA制度を活用して、資産形成に役立てていきましょう。

野原 亮

新NISA制度の５つの変更点を押さえる！

これまでのNISAと
新NISAを比べてみよう

2024年から始まる新NISAって今のNISAとどう違うの？

　2024年１月から「新しいNISA」がスタートします。そもそも「NISA」とは、2014年１月にスタートした少額から投資を行うための非課税制度のことです。

　2023年６月現在、株式をはじめとする投資で得た利益には、20.315%の税金がかかってしまいます。ところが、NISA口座で毎年一定の金額内で投資を行った場合、そこで得た利益は非課税となり、税金を払わなくてもよいのです。例えば100万円の株を買い、150万円に値上がりしたところで売却するとしましょう。すると、利益は50万円ですから、この50万円に対して20.315%の税金がかかることになり、10万1575円の税金を支払わなければなりません。しかし、**NISA口座を利用しているだけで非課税となり、10万1575円がお得になるというわけです**。

　これまでのNISA（以下、現行NISA）では「一般NISA」「つみたてNISA」「ジュニアNISA」の３種類の制度を利用できますが、いずれも2023年12月末をもって終了することが決まっています。この３つの制度の今後の取り扱いについては、32 ～ 36ページで改めて解説します。現行のNISAを利用している人は参考にしてみてください。そして、現行NISA制度を抜本的に拡充、恒久化したのが、2024年から始まる新しいNISA（以下、新NISA）です。現行のNISAと比較すると、さまざまな制限が緩和されるなどして利用のハードルが下がりました。

20.315%の税金　2037年（令和19年）まで、譲渡益・配当金・分配金にかかる所得税15％に対して、復興特別所得税率2.1%が課税される。所得税部分15.315％＋住民税５％＝20.315%

課税口座※とNISA口座の違い

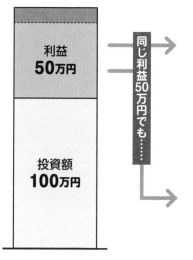

課税口座
利益の20.315％に課税される

利益50万円×20.315＝**10万1575円**

納税しなければならない

NISA口座
利益にかかる税金が非課税

利益50万円

利益を総取り！

※課税口座とは、従来からあった特定口座、一般口座を指します

現行NISAの３種類の制度

	一般NISA	つみたてNISA	ジュニアNISA
対象	18歳以上	18歳以上	0〜17歳
年間投資上限額	120万円	40万円	80万円
非課税期間	5年間	20年間	5年間
投資対象	株式や投資信託、ETFなど	国が定めた基準を満たす投資信託など	株式や投資信託、ETFなど

ジュニアNISAを開設する場合は、2024年以降取り扱いが複雑になる点に注意（36ページ参照）

現行NISAは2023年12月末までの制度ですが、その期間内に買った株は2024年以降売却しても、利益は非課税になります

野原

ジュニアNISA　　0歳〜17歳の未成年の子どもを対象とする少額投資非課税制度のこと。最長5年間投資から得た利益が非課税となり、毎年上限80万円までの投資が可能

新NISA制度の５つの変更点を押さえる

大きな変更点は、以下の５つが挙げられます。

①口座開設期間の恒久化

現行NISAでは、口座開設期間がつみたてNISAと一般NISAは2023年までと期間が限定されていますが、**新NISAでは、恒久化します。**

②非課税保有期間の無期限化

現行のNISA制度は、非課税保有期間（一般NISA ５年・つみたてNISA20年）が決まっています。非課税保有期間とは、金融商品を買った年から起算して、配当金や売却益が非課税として扱える期間のこと。**新NISAでは非課税保有期間が無期限となり、「いつ売ってもよい」ことになったのです。**

③成長投資枠とつみたて投資枠の併用が可能になった

現行のNISAは一般NISAとつみたてNISA、２つの制度を併用することはできません。新NISAではそれぞれ「成長投資枠」と「つみたて投資枠」に変更となりましたが、**２つの非課税投資枠を併用できます**（20ページ参照）。

④年間投資上限額が最大360万円に引き上げ

現行のNISAでは一般NISAが年120万円、つみたてNISAが年40万円と決められています。新NISAでは、**成長投資枠が240万円、つみたて投資枠が120万円に引き上げられることになったのです。２つの制度は併用が可能になったため、最大で年360万円の投資が可能になります。**

⑤非課税保有限度額が最大1800万円に引き上げ

現行のNISAでは一般NISAが最大600万円、つみたてNISAが最大800万円です。新NISAでは、成長投資枠が最大1200万円、**つみたて投資枠と成長投資枠のトータルで1800万円までに引き上がります。**また、売却した分の枠は翌年に再利用が可能となるのです（26ページ参照）。

回転売買への勧誘行為　株式などの短期的な売却による利益を狙い、個人の意向に反した不適当な勧誘を行うこと

現行NISAと新NISAの比較

どちらか一方を選択（変更する場合は1年単位で選択可能） **併用可能！**

	現行NISA		新NISA	
	一般NISA	つみたてNISA	成長投資枠	つみたて投資枠
制度開始	2014年1月から	2018年1月から	2024年1月から	
口座開設期間	2023年末まで		恒久化	恒久化
非課税保有期間※1	5年間（運用は2027年まで）	20年間（運用は2042年まで）	無期限化	無期限化
年間投資枠	120万円	40万円	240万円	120万円
非課税保有限度額※2	600万円	800万円	トータルで1800万円※3（そのうち成長投資枠は1200万円まで）	
対象年齢	18歳以上			
現行NISAと新NISAの関係	2023年までに現行NISAで投資した商品は、新NISAとは別に現行NISAによる非課税措置が適用。現行NISAから新NISAへのロールオーバー（22ページ参照）はできない			
投資対象商品	上場株式・投資信託など	長期の積立投資や分散投資に適した投資信託など	上場株式・投資信託など※4	現行のつみたてNISAの対象商品と同様

金融庁の基準を満たした投資信託に限定

①整理銘柄・管理銘柄
②信託期間20年未満
③高レバレッジ型・毎月分配型の投資信託　などは除外（58ページ参照）

出所：金融庁ホームページより編集部作成

※1　非課税保有期間の無限化に伴って、現行のつみたてNISAと同様に、定期的に利用者の住所などを確認し、制度の適正な運用を担保する
※2　利用者それぞれの非課税保有限度額については、金融機関から提供された情報を国税庁において管理する
※3　薄価残高方式で管理（26ページ参照）
※4　金融機関による「成長投資枠」を使った回転売買への勧誘行為に対し、金融庁が監督指針を改正し、法令にもとづき監督およびモニタリングを実施する

野原

新NISAは年間投資枠が大幅に拡大し、非課税保有期間も無期限となります

CHECK!

現行のNISA制度から大きく改良されます。現行NISA以上に新NISAでの資産運用が可能になりました

自由度の高い投資や資金形成が実現する！

利用できる2つの枠は併用可能になる

成長投資枠とつみたて投資枠どちらも使えてお得

　現行NISAの主な制度として、「一般NISA」と「つみたてNISA」がありました。新NISAでは、この２つの制度の特徴を活かした「成長投資枠」と「つみたて投資枠」という非課税投資枠が新設され、これらを併用できるようにリニューアルされました。

　現行NISAでは、一般NISAかつみたてNISAのどちらか一方しか利用することができませんでした。そのため、ある程度まとまった資金を運用したい場合は一般NISA、できるだけ長い期間で資産形成をしたい人はつみたてNISAなど、利用する制度を選ぶ必要があったのです。

　また、「一般NISA→つみたて」「つみたてNISA→一般NISA」というように制度の切り替えは可能なのですが、切り替えられるのは１年単位であったり、書類を提出しなければならなかったりと、何かと不便な側面もありました。

　新NISAでは、**つみたて投資枠か成長投資枠のどちらかだけを選ぶこともできますし（成長投資枠のみだと非課税保有限度額は1200万円）、どちらも併用する**ことも可能になりました。より自由度の高い投資や資産形成が可能となったのです。

現行NISAと新NISAの投資枠の比較

▶ 現行NISA

一般NISA	どちらかを選択	つみたてNISA
値上がりを狙って株式・投資信託を買う	←→	堅実な値動きが見込める投資信託をコツコツ積み立てる

⇨ **制度の切り替えには、書類を提出しなければならない**

▶ 新NISA

成長投資枠	併用可能！ （片方のみでもOK）	つみたて投資枠
一般NISAと同様に値上がりを狙って株式・投資信託を買う	＋	つみたてNISAと同様に投資信託をコツコツ積み立てる

⇨ **併用によって非課税投資枠も増えた（25ページ参照）**

現行NISAで開いている金融機関で新NISAの口座が自動的に開かれます

CHECK!

成長投資枠と積み立て投資枠の特徴をつかみ、使い分けて資産を増やしましょう

NISA制度の恒久化・非課税保有期間が無期限化する！

投資期間の無期限化でいつ売却しても非課税！

期間限定だったNISAが、永続する制度になる！

　新NISAについて簡単に説明しましたが、ここからは現行のNISAと新NISAを比較し、大きく変わったポイントを詳しく解説していきます。まず、現行NISAから新NISAへの変更に伴い、制度内容的には拡充されたものになりましたが、「新しい別の制度が始まる」と考えるとよいでしょう。「新旧分離」という考え方です。

　2014年にはじまった現行のNISAは2023年12月末で終了し、2024年からは新NISAに生まれ変わります。新NISAは制度が恒久化され、さらに大きな変更ポイントのひとつである非課税保有期間が無期限化されます。これまでの現行NISAでは非課税保有期間が決められており、一般NISAが５年、つみたてNISAが20年となっていました。例えば、一般NISAで買った株は５年間は非課税で運用できますが、５年目以降は次の３つのうち、どれかを選ぶ必要があります。

①翌年の非課税投資枠に移行（ロールオーバー）

②課税口座に移行

③売却

　2023年中は現行NISAで買いつけができ、その後、非課税保有期間中は運用が可能となりますから、**一般NISAは2027年まで、つみたてNISAは2042年まで非課税で保有する**ことが可能です。ただし、**現行NISAから新NISAへのロールオーバーはできません。**

ロールオーバー　NISA口座の非課税期間終了後、一般NISAで保有している株式や投資信託などの金融商品を翌年の非課税投資枠へ移すこと。自動的に行われるわけではなく手続きが必要

現行NISAと新NISAの非課税保有期間の比較

▶ **一般NISA**

> 非課税期間が終わったら……
> ① 翌年にロールオーバーする
> ② 課税口座に移管する
> ③ 売却する
> のいずれかを選択する

> 2018年に購入した株は①～③のいずれかを選択

購入した年	2018	2019	2020	2021	2022	2023	2024	2025	2026	2027	2028
2018	購入										
2019		購入									
2020			購入			①					
2021				購入							
2022					購入						
2023						購入					

> 2019～2022年購入分は以後、②～③を選択

5年間の非課税期間

2023年購入分は2027年まで非課税期間となる

※2024年以降は、それぞれの枠の期間内まで保有だけできる（つみたてNISAは20年）

▶ **つみたて投資枠と成長投資枠**

購入した年	2024	2025	2026	2027	2028	2029	…	2030	2031	…	2040
2024	購入										
2025		購入									
2026			購入								

野原

5年といわず10年でも20年でも保有することができるのです！

非課税保有期間は無期限 ➡ いつ売却しても非課税

出所：金融庁ホームページより編集部作成

CHECK!

非課税期限が無期限化されることで、長期的な投資がしやすくなります

年間投資枠が大幅に拡大する！

1年間に投資できる金額が 360万円にアップ！

年間の非課税投資枠が従来より200万円増額

　NISAでは、年間の非課税投資枠（１年間に非課税で投資できる上限金額）が決められています。そもそもNISAは少額投資非課税制度であることから、「少額投資」が前提でした。新NISAでもその考えが引き継がれてはいますが、その上限金額が上がりました。現行NISAの年間の非課税投資枠は、一般NISAが120万円、つみたてNISAが40万円です。制度の併用ができないことを考えると、積立投資に限定すれば、一般NISAは月10万円、つみたてNISAは月約３万3000円程度が限度となります。

　一方の**新NISAの年間投資上限額は、成長投資枠が240万円、つみたて投資枠が120万円と、大幅に枠が広がりました**。成長投資枠は一般NISAの２倍、つみたて投資枠はつみたてNISAの３倍の金額です。１カ月あたりでも成長投資枠は月20万円、つみたて投資枠は月10万円の投資が可能です。

　また、成長投資枠とつみたて投資枠は併用が可能なため、年間で考えると最大360万円の投資が可能となるのです。実際に年間360万円を投資に回すのはハードルが高いですが、**より多額の投資をしたいと考えている人にとっては、自由度が高まったといえるでしょう**。例えば、長期で積み立てることで投資のリスクを軽減できるつみたてNISAを利用していた場合、月３万3000円程度の投資では少ないと感じていた人も多かったのです。新NISAでは、月あたり10万円の投資が可能となるため、引き続き積立投資を行えば、リターン額は相当大きいものが期待できるようになりました。

現行NISAと新NISAの年間投資枠の比較

▶ 現行NISA

一般NISA

・年間120万円
・月額10万円
・最大で5年間投資することが
　可能

どちらかを
選択したうえ
での金額

つみたてNISA

・年間40万円
・月額約3万3000円
・最大で20年間投資すること
　ができる

▶ 新NISA

成長投資枠

・年間240万円
・月額20万円
・期限なし(恒久化)

金額を合算
できる！
(片方のみ
でもOK)

つみたて投資枠

・年間120万円
・月額10万円
・期限なし(恒久化)

両制度合わせて年間360万円(月額30万円)まで投資することができる

新NISAのつみたて投資枠だけ
の活用でも十分な利益への期
待が高まりました

CHECK!

「成長投資枠」と「つみたて投資枠」の併用で、投資上限が
3倍以上（年間360万円）に広がります

生涯投資枠が大幅に拡充

投資できる総額が1800万円にアップ!

非課税保有限度額が従来より最大1200万円増額

NISAでは年間投資枠に加え、非課税保有限度額が決まっています。非課税保有限度額とは、非課税で保有できる投資の総額のこと。

現行NISAでは、一般NISAが600万円（年間投資上限額120万円×5年分）、つみたてNISAが800万円（年間投資上限額40万円×20年分）と決められていました。この額を超えてNISA口座で投資を行うことはできないため、「生涯非課税限度額」などともいわれています。

新NISAの非課税保有限度額は、**成長投資枠とつみたて投資枠合わせて1800万円、そのうち、成長投資枠が1200万円となります。**

さらに非課税保有限度額の追加ルールとして、**「売却した分は翌年に枠が復活すること」** が挙げられます。

例えば、成長投資枠とつみたて投資枠をフル活用し、年間投資上限額360万円（成長投資枠240万円＋つみたて投資枠120万円）の投資を5年間続けるとします。すると、非課税保有限度額1800万円に達してしまい、それ以上の投資ができなくなってしまいます。ここで、1年目に買った分の360万円を売却すると、翌年からその分の枠が復活し、元々設定されている翌年分のつみたて投資枠120万円と併せて360万円分の投資ができるようになるのです。復活する非課税投資枠は、売却時の時価の総額ではなく、買った時の簿価になります（簿価残高方式）。

現行NISAと新NISAの生涯の非課税保有限度額の比較

現行NISA

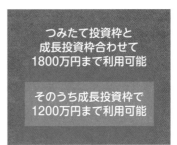

新NISA

つみたて投資枠と
成長投資枠合わせて
1800万円まで利用可能

そのうち成長投資枠で
1200万円まで利用可能

新NISAは売却すると非課税枠が復活する

▶ **新NISA**

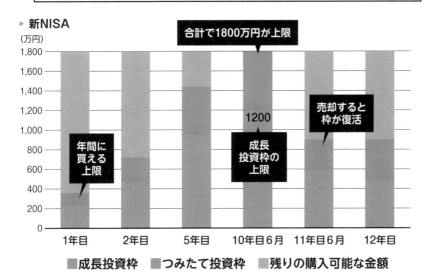

■成長投資枠　■つみたて投資枠　■残りの購入可能な金額

CHECK!

売却により枠も復活するので、より機動的な投資が行える
ようになりました

事前にNISAのしくみを知っておこう

NISAに関するそのほかの メリット・デメリット

投資をするならメリットの多いNISA口座

　これから投資を始めようとしている人にとって、通常の証券口座（課税口座）をつくるよりもNISAはとても有益な制度といえ、新NISAへの変更点も基本的にメリットといえますが、そのほかにもメリットやデメリットもあります。民法改正による成人年齢の引き下げに伴い、**新NISAでは成人となる18歳からの投資が可能**（現行NISAでも2023年1月より18歳からの投資が可能）となった点はメリットといえるでしょう。より早い段階から投資ができるということは、資産形成に有利になったといえるでしょう。

　さらに、**成長投資枠において対象商品が絞られたことも**、メリットといえます。対象外となった「整理・管理銘柄」「信託期間20年未満、高レバレッジ型、毎月分配型の投資信託」は、金融庁が「資産形成のための長期投資には向いていない」と判断した商品で、そうしたものが最初から除外されているため、商品選びがしやすくなっています。このあたりの詳しい説明は、投資信託（66ページ参照）で詳しく解説していますので、参考にしてみてください。また、デメリットとして、現行・新にかかわらずNISAは投資の「利益」に対して非課税になる制度なので、ほかの取引の利益と損失を相殺してくれる損益通算という救済措置がない点が挙げられます。優遇制度のためしかたないとはいえ、気持ち的な部分でデメリットと感じることもあるでしょう。また、制度移行に際して、現行NISAから新NISAへのロールオーバーができなくなったことが挙げられるでしょう（22ページ参照）。

損益通算　　確定申告の際、上場株式などの投資を行って生じた損失を、その年の利子や配当所得と相殺すること

NISAのそのほかのメリット・デメリット

メリット

- 少額からでも積立投資できる
- 金融庁が厳選した銘柄のなかから買える
- 購入した金融商品の利益が非課税になる
- 好きなタイミングで投資できる
- 株式や投資信託に投資できる
- 確定申告が不要

デメリット

- NISAで取引した損益は、課税口座※で損益通算ができない
- NISA口座は、1人1口座しか開設できない
- 課税口座※で保有している株式や投資信託をNISA口座に移すことはできない

新NISAへの変更におけるメリット・デメリット

メリット

- 18歳から投資ができる
- 成長投資枠で対象商品が絞られた
- つみたて投資枠と成長投資枠の併用ができる
- 制度の恒久化と非課税保有期間が無限化される
- 年間投資枠が最大360万円まで拡大される
- 非課税保有限度額が最大1800万円まで拡大される

デメリット

- 現行NISAから新NISAへのロールオーバーができない

※特定口座や一般口座

CHECK!

新NISA制度は非課税枠、期間などいろいろな面で個人投資家に有利になりました

現行NISAから新NISAへの手続きは簡単

新NISA開始前に投資を始めよう!

現行NISAを生かすか？

　老後などの将来に向けた資産形成を考えるなかで、「新NISAを機に投資を始めよう」と考えていた人も多いのではないでしょうか。ただ、2023年中は現行NISAが利用できることや、できるだけ長い期間投資をしたほうが有利になることから、「今から動き出したほうがよいのでは？」と思う人も少なくないと思います。実際、これから投資を始めるにあたって、どのような動きをすればよいのでしょうか。

　現行NISAで投資できる期間は2023年末までなので、残り数カ月ですが、**現行NISAをなるべく早く始めることでその分、2024年以降の非課税投資枠をフル活用して増やすことができます。**仮にうまくいかなかったとしても額としては少額で、この期間の積み立てが大きな損失につながる可能性は低いことからも、積み立てをするなら早いうちがよいといえます。

　現行NISAから新NISAへは、**同一金融機関での取引を継続する場合は、とくに手続きの必要もなく移行できる予定ですので、手続きで時間をとられることもないでしょう。**

　運用については一般NISAが５年、つみたてNISAが20年となっているので、「すぐに投資をしてみたいけれど、運用期間の制限が気になる」という人は、現行NISAで少額の投資を始め、実践を積んでおくとよいでしょう。

　複利計算　利息を元本に加えることで、元本だけでなく利息にも利息がつき、資産がより増えていくようにした計算

2023年から始めると生涯の投資枠が増える

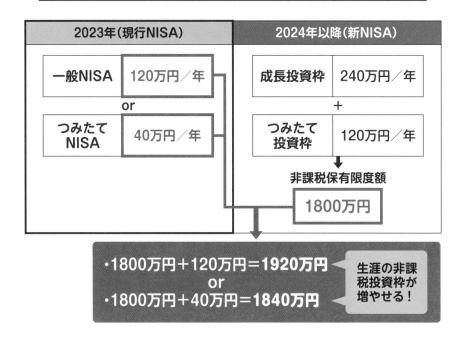

2023年（現行NISA）		2024年以降（新NISA）	
一般NISA	120万円／年	成長投資枠	240万円／年
or		＋	
つみたてNISA	40万円／年	つみたて投資枠	120万円／年

非課税保有限度額

1800万円

・1800万円＋120万円＝**1920万円**
or
・1800万円＋40万円＝**1840万円**

生涯の非課税投資枠が増やせる！

早く始めるほど複利で得する

2023年　　　　　　　　　　　2043年

40万円
年利3％で
運用開始

72万8302円

2024年

70万6804円

※2024年以降は追加で購入することはできません

CHECK!

現行NISAでいち早く始めておけば、将来の非課税投資枠を増やすことができます

複利　　最初に投資した元本についた利息に対して、さらに利息がつくこと

口座移行などの手続きは不要！

現行NISA口座がある場合
新NISA口座はどう開く？

現行NISA口座があれば新NISA口座が自動で開設される

　ここからは、すでに現行NISAで投資をしている人やNISA口座を開設している人に向けて、新NISAの注意点などを解説します。

　現行NISAと新NISAは別の制度だという説明をしてきましたが、**新NISA用に新しい口座を開く手続きは必要ありません**。最終的には各金融機関での方針によりますが、すでにNISA口座を持っている場合、自動的に新しいNISA口座が開設されるといわれています（2023年５月末時点の情報）。ただ、これは一般NISAとつみたてNISAのみ。ジュニアNISA口座を持っている場合、2024年１月１日以降で18歳以上の人は自動的に新NISA口座が開設されます（36ページ参照）。

　加えて、現行NISAとは別の金融機関で新NISAの口座開設をしたい場合、現行NISAで口座を開いている金融機関と、新しく口座を開こうとしている金融機関、それぞれで手続きが必要となります。いずれも手続きには早くても数日かかりますから、余裕を持って手続きを行いましょう（54ページ参照）。

　また、現行NISAの利用によって、新NISAの非課税保有限度額に影響を及ぼすことはありません。**すでに現行NISAを活用している人や、2023年中に現行NISAで投資を始める人が不利にならない制度になっています**。ただし、現行NISAで保有している金融商品を新NISAに移管（ロールオーバー）することはできません（34ページ参照）。

NISA口座の自動開設と金融機関の変更

▶ **3種類の口座の比較（2023年5月末時点）**

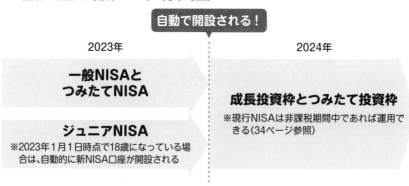

自動で開設される！

2023年

**一般NISAと
つみたてNISA**

ジュニアNISA
※2023年1月1日時点で18歳になっている場合は、自動的に新NISA口座が開設される

2024年

成長投資枠とつみたて投資枠
※現行NISAは非課税期間中であれば運用できる（34ページ参照）

▶ **金融機関を変更する場合**

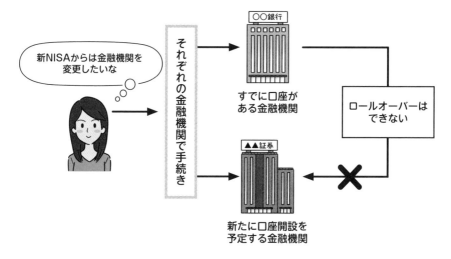

新NISAからは金融機関を変更したいな

それぞれの金融機関で手続き

〇〇銀行

すでに口座がある金融機関

ロールオーバーはできない

▲▲証券

新たに口座開設を予定する金融機関

──── CHECK! ────

現行NISAをすでに活用していれば、2024年にその金融機関で新NISA口座が開設されます

保有する金融商品の取り扱い

現行NISAの金融商品は売らないといけない？

非課税保有期間内は保有と売却が選択できる！

　先述してきたように、現行NISAで投資している金融商品を、新NISAにロールオーバーすることはできません。これは非課税保有期間が残っている場合であってもです。では、新NISAの開始に合わせて、現行NISAの金融商品を売却しなければならないのかというと、そうではありません。

　それぞれの非課税保有期間が終了するまでは非課税で運用することが可能です。もちろん、**新規で買いつけることはできませんが、最後まで運用するか、よいタイミングで売却するかを選ぶことができます**。新NISAの開始に合わせて慌てて売る必要はありません。ただし、売却しないまま非課税保有期間が終了してしまうと、そのときの時価で自動的に課税口座に払い出しされてしまうため、注意が必要です（2023年5月末時点の情報）。「よい銘柄だから長期保有したい」と思う人に有効なのが「課税口座である特定口座で買い直す」という手法です。これは、NISA口座で利益確定のために売却するのと同時（同日）に、特定口座で同じ口数（同じくらいの金額）で買い入れるということ。特定口座で買い直した分は、消費する新NISAの非課税投資枠をより少なくすることも可能となり、好きな銘柄の長期保有を継続できます。特定口座で保有すると利益に対してまるまる課税されてしまいますが、現行NISAで保有していた期間分については非課税メリットを活用できるため、その分お得に保有できたと考えられます。**残したい金融商品を保有している場合は、あえて特定口座での保有も検討**してみましょう。

銘柄　　取引される金融商品の名称や品目

保有と売却を選択する

一般NISAを購入 | 5年間の非課税期間 | 非課税期間終了後

2023年 ●───────────────────────● 2027年

非課税期間の最後まで運用するか、タイミングを見て売却するかを選択

期限がきたら自動的に課税口座に払い出される

現行NISAで保有している銘柄を長期保有する

現行NISA口座で売却する	同日、同額で →	特定口座で買い入れる

それまで保有していた分の利益が出ていれば、非課税メリットがある！

課税はされるが、よい銘柄や好きな銘柄の長期保有を継続することが可能！

今後の値上がりが期待できるなら、NISAで売却して終わりではなく、特定口座で継続保有する選択肢もあります

野原

CHECK!

新NISAの開始に合わせ、現行NISAの保有銘柄を売る必要はありません

ジュニアNISAは
2024年以降廃止になる

新NISAに向けて準備していたほうが◎

現行NISAでは、「ジュニアNISA」という制度があります。

NISA制度が切り替わる2024年1月1日の時点で18歳未満の場合、非課税保有期間（5年）が終了した商品をロールオーバー専用の「継続管理勘定」にて非課税で運用することができます。ロールオーバーされた銘柄を売却することは可能ですが、新規で買いつけることはできませんので、継続管理勘定での積み立てや一括購入もできません。また、18歳になるまで非課税での払い出しができませんでしたが、2024年以降はジュニアNISA口座を閉じることを前提として、非課税での払い出しが可能です。ただし、全額が一括で払い出されます。

2024年1月1日の時点で18歳であれば、自動的にNISA口座が開設されますが、ジュニアNISAの保有銘柄を新NISA口座に移すことはできません。2024年以降、非課税保有期間が終了していない保有銘柄は、引き続きジュニアNISA口座での保有または売却が可能ですが、非課税保有期間が終了した保有銘柄は、課税口座へ払い出されます。ジュニアNISAの取り扱いは複雑になってしまうため、これから始めようとしている人はほかのNISAを活用することを考えたほうがよいでしょう。

なお、ジュニアNISAをいったん全額解約し、新NISAで非課税投資枠を使って買い直すことは可能ですので、利益確定できる場合は、全額解約するか、18歳になってから課税口座に払いだされた後に解約して、新NISAで買い直すことも可能です。

Chapter 2

NISAは
どの金融機関で
開設したらいい？

投資を始めるには銀行口座だけでなく、証券口座が必要です。証券口座は証券会社や銀行などの金融機関で開くことができますが、投資を行うにあたり、手数料やシステムはさまざま。そこで、初心者におすすめな金融機関の選び方のポイントを紹介していきます。

野原 亮

NISAを始めるための準備

口座開設する金融機関を選ぶポイントとは?

「商品数」と「使いやすさ」で選ぶと◎

NISAで投資を始めるには証券口座が必要です。銀行口座だけでは投資を行うことはできず、必ず銀行口座と証券口座を紐づけて投資することになります。近年、証券口座を開ける窓口は増加しており、証券会社のほか、銀行、農業協同組合、信用金庫、保険会社など多岐にわたります。

ではどこで開ければよいのか。**これから口座を開設する人が考えるべき点は、「商品数」と「使いやすさ」です。**

NISAでは主に、「個別銘柄（株式）」と、「投資信託」などの金融商品に投資することができます。ただし、**個別銘柄に投資できるのは証券会社のみ。**そのほかの銀行などが取り扱う金融商品は、投資信託が中心となります。投資信託に加えて個別銘柄にも投資が行えるという理由から、証券会社での口座開設がおすすめです。特に証券会社のなかでも「ネット証券」が便利で使いやすく、活用する人が多くなっています。一方でインターネットが使えない環境にいる人や、窓口で相談しながら手続きや取引をしたい人、投資信託への投資のみで十分だと考える人もいるでしょう。そんな人たちは「近くにある銀行」や「店舗型の証券会社」がおすすめです。取引の度に窓口へ訪れる手間を考えると、利便性の高い金融機関を選ぶとよいでしょう。

なお、メガバンクやネット銀行、大手地銀などのなかには、金融商品仲介業者としてのビジネスを展開しているところもあり、ここから個別銘柄を購入することもできます。

ネット証券 インターネット上の操作ですべての手続きや取引が可能な証券会社のことで、若い世代のシェアも伸びている。SBI証券や楽天証券、マネックス証券などが主要（41ページ参照）

証券会社での口座開設がおすすめ

▶ **金融機関における金融商品の取り扱い**

証券会社	**証券会社以外の金融機関**
株式、投資信託、ETT、REIT、債券など	預貯金、投資信託、保険、債券など

※各金融商品の解説は3章参照

株式に投資できるのは証券会社だけ！

▶ **取引方法のメリット・デメリット**

インターネット上で取引したいな

⇨ **ネット証券**がおすすめ！

メリット	デメリット
●インターネット上で手続きできる ●口座開設や取引がスピーディー	●窓口のように担当者への相談ができないので、不明点はほとんど自分で調べなければならない

詳しい人に相談しながら決めたいな

⇨ **窓口**がおすすめ！

メリット	デメリット
●わからないことや不安なことを相談できるので、投資に慣れていない人でも安心	●銀行や金融会社の店舗に行く手間がかかる ●予約が必要な場合がある

┌─ CHECK! ─┐

インターネット上でのやり取りか窓口での取引か、自分に合ったほうを選びましょう

自分にとって取引しやすい方法を選ぼう

店舗型証券と
ネット型証券の違い

投資の対象商品が圧倒的に多いのが証券会社

　38ページでも解説したとおり、**基本的には証券会社で口座を開設しておけば間違いはないでしょう**。証券会社には大きく分けて「店舗型」と「インターネット型（ネット型）」の2つがあり、それぞれに特徴があります。

　店舗型とは、営業店舗を設けている証券会社のこと。窓口で投資の専門知識を持つ担当者と相談しながら取引を進めることができるほか、インターネットでの取引も可能です。投資ビギナーにとって、**担当者と相談しながら投資先を選べることは有利でしょう**。しかし、場合によっては、担当者に営業されたり、手数料が高くついたりすることも。また、窓口での相談は事前に予約してから店舗に行く必要があり、時間や場所が制限されることもありますが、コールセンターなどを活用すると、利用しやすくなるでしょう。

　一方のネット型とは、営業店舗を設けず、ほとんどの手続きがインターネット上の操作で完結できる証券会社です。基本的には自分で判断して取引を行います。**スマートフォンがあれば、どこでも好きなときに手続きや取引をすることができ、利便性が高いのが特徴です**。加えて、店舗型と比較して手数料が安いことも利点のひとつといえます。ただし、コールセンターに質問はできますが、待ち時間が長かったり、手続きなどの質問に限定されることもあるため金融商品の特徴や取引の疑問点などを自分で調べなければならなかったりする点はデメリットともいえます。

証券会社の種類とメリット・デメリット

種類	店舗型 〇〇証券	ネット型 △△証券
特徴	営業店舗を設けている	営業店舗を設けず、ほとんどの手続きをインターネット上で行える
代表的な金融機関	・野村證券 ・SMBC日興証券 ・大和証券 ・大和証券 ・三菱UFJモルガン・スタンレー証券 　　　　　　　　　　など	・SBI証券 ・楽天証券 ・マネックス証券 ・松井証券 ・GMOクリック証券 ・auカブコム証券 　　　　　　　　　　など
メリット	・窓口で、投資の専門知識を持つ担当者と相談しながら取引を進めることができる ・インターネットでの取引もできる	・インターネット上の手続きのみで完結でき、利便性が高い ・店舗型と比較して手数料が安い ・ポイント制度、単元未満株、取引ツールなど、便利でお得なサービスが充実している
デメリット	・担当者に営業される場合がある ・手数料が高い傾向にある ・手続きを行う場所や時間の制約がある ・事前に予約が必要な場合がある	・自分で調べなければならないことも多い ・疑問点や不明点があっても窓口での相談ができない ・インターネット環境が十分でない人やスマートフォンなどの電子機器の取り扱いが苦手な人にとっては利用しにくい

証券会社で口座を開設しておけば間違いはないですが、店舗型とネット型、それぞれのメリット・デメリットを確認しましょう

野原

おすすめはSBI証券か楽天証券

　証券会社のなかでも特におすすめなのが、「SBI証券」と「楽天証券」です。どちらもネット型の証券会社に属しています。

　特にSBI証券は、SBIグループでの証券口座開設総数※が1000万を達成し、国内の株式個人取引シェアNo.1を誇っています。通常、取引には手数料がかかりますが、例えば1日の約定代金（売買代金）ベースで考えると、現物・信用取引（制度信用・一般信用）の約定代金がそれぞれ1日100万円までの手数料が0円です。また、株式投資は100株を一単元とし、一単元ごとの取引になりますが、1銘柄の株を買うにも大きな資金が必要なこともあります。しかし、1株などの端数で株が買え、買付手数料も無料の「S株（単元未満株）」があるため、**少額の資金から気軽に投資が行える点も支持されています**。さらに、TポイントやPontaポイントをはじめとするポイント制度も充実。貯めたポイントで投資ができたり、投資によってポイントを貯めたりと、お得な制度が人気を呼んでいます。

　一方の楽天証券は、新規口座開設数※は4年連続でNo.1。NISA口座開設数、iDeCo新規加入者はともに3年連続No.1です。一番の強みともいえるのが、「楽天ポイント」。楽天市場や楽天カードをはじめとした楽天グループ共通のポイント制度があることによって、気軽にポイント投資や貯めることができます。**すでに楽天銀行の口座や楽天カードを持っていれば入金やポイント獲得などがスムーズ**なので、いわゆる楽天経済圏を利用している人にはおすすめです。さらに、2023年4月より、単元未満株取引ができる「かぶミニ™」が開始されました。これで、楽天証券でも国内株式の少額投資が可能となったのです。また、楽天証券で口座開設をするだけで、「マーケットスピード2」や「iSPEED」など、多くの投資家にも支持されているツールが使えることも魅力です。WEBサイトの操作性も比較的わかりやすいとの評判もあります。投資を行っていくなかで、値動きが確認できるなどの機能が充実した取引ツールの有無も大きなポイントになるでしょう。

SBIグループ　ここでは、金融サービス事業を展開するSBIホールディングスの企業を指し、SBI証券、SBIネオモバイル証券、SBIネオトレード証券、FOLIOが該当する

SBI証券の特徴

出所：SBI証券

● 手数料0円でできる取引がある

● S株で、少額の資金から気軽に投資できる

● TポイントやPontaポイントなどのポイント制度が充実しており、貯めたポイントで投資ができる。また投資をすることでポイントが貯まる

SBI証券
(https://www.sbisec.co.jp/)

楽天証券の特徴

出所：楽天証券

● 投資に楽天ポイントを使える

● すでに楽天銀行の口座や楽天カードを持っている場合、入金やポイント獲得などがスムーズ

● 「かぶミニ™」で国内株式の少額投資ができる

● 口座開設をするだけで、「マーケットスピード2」や「iSPEED」などのツールが使える

楽天証券
(https://www.rakuten-sec.co.jp/)

CHECK!

取引手数料やポイント使用の可否、便利な取引ツールの有無など、証券会社ごとの特徴を比較して選びましょう

※口座開設数には、特定口座などほかの口座の開設数も含む（2022年3月末現在、2018年～の楽天証券調べ）

クレジットカード決済でポイントが貯められる

ポイント制度を重視して もっとお得に投資!

クレジットカード決済なら投資資金でポイントが貯まる！

「NISA制度を利用してみたい」と考える理由として、「お得に資産形成したい」ということが挙げられると思います。そんな"お得感"をより高めてくれるのが「ポイント制度」です。金融機関によっては、買い物などで貯めたポイントを投資に利用することができ、また、クレジットカードを投資信託の積立の決済などでもポイントを貯めることもできます。当然、**投資や決済で貯めたポイントを買い物に利用したり、ほかのポイントや商品券などと交換したりすることも可能です**。こうした「クレジットカード」や「ポイント制度」といった観点から金融機関を選んでもよいでしょう。ただし、**金融機関によって利用できるポイントやクレジットカード、ポイント付与の対象となる金融商品の種類などは異なります**。口座を開設する前に、しっかりと確認することが必要です。

　例えば、SBI証券はTポイントやPontaポイントのほか、Vポイントを利用できます。ここからひとつを選び、メインポイントに設定するとポイント投資ができるようになるのです。ポイントの種類によって「できること」と「できないこと」が分けられているため、どのようにポイントを活用したいかを考える必要があるでしょう。例として、貯めたポイントでポイント投資できるのはTポイント、Pontaポイント、Vポイントの3つです。dポイントとJALマイルは投資には利用できませんが、投資の決済によって貯めることは可能ですし、他にも提携しているポイントサービスもあります[1]。

※1　楽天ポイントでは、株式の個別銘柄や仮想通貨にも投資できるので、ポイント投資で資産を増やすことができる

証券会社別・NISAで使用できるポイント

証券会社	ポイント投資可否	投資や決済の対象ポイント
SBI証券	○	Tポイント、Vポイント、Pontaポイント
マネックス証券	△※1	マネックスポイント
楽天証券	○	楽天ポイント
auカブコム証券	○	Pontaポイント
tsumiki証券	△※2	エポスポイント
セゾンポケット	○	永久不滅ポイント
大和コネクト証券	○	dポイント、Pontaポイント

出所：各社ホームページより編集部作成

※1　つみたてNISAではポイント投資はできない
※2　ポイント投資は特定口座に限られており、NISA口座でポイント投資はできない

ポイントの種類に応じた証券会社の決め方の例

貯まったdポイントを投資に回したい！

⇨ **投資の元手が増えてより利益増加を狙える**

Tポイントを貯めて買い物の支払いに充てたい！

⇨ **支出を抑え家計の負担を減らす一助になる**

ポイント投資だけで100万円貯めることも夢ではありません※2。小さなことからこつこつと貯めていくのも重要です

野原

※2　監修者・野原さんは2017年9月〜2023年1月の期間で、ポイント投資で100万円の資産運用を達成。貯まったポイントはすべて投資に回すことで大きな金額にすることも可能

どのポイント制度を利用するのが得？

　そして、クレジットカードで投資をする際に考えてほしいのは、「普段の
ライフスタイル」や「還元率」です。普段のライフスタイルとは、**よく買い
物をするお店や貯めているポイントがある場合に、どの証券会社がよいのか
を考えるということ**。例えば、Pontaポイントをよく利用している人であれ
ば、Pontaポイントを貯められる証券会社とクレジットカードを選んだり、
使用しているクレジットカードがあれば、そのポイントが貯まる証券会社を
選んだりと、自分のライフスタイルを軸にする考え方です。

　還元率とは、クレジットカード決済で投資を行った際、どれだけポイント
還元されるかということ。普段の買い物で付与されるポイントと、投資で付
与されるポイントは、必ずしも同じわけではありません。より高い還元率の
クレジットカードを基準として考えることもひとつの手です。

　右図に主な証券会社とクレジットカード（または電子マネー）の組み合わ
せで、貯まるポイントの概要をまとめました。**還元率は１％であれば高いほ
うだということがわかります**。同じカードでも種類やランクによって還元率
が変動する場合もあるため、お手持ちのカードで確認しましょう。ただし、
年会費など場合によっては投資専用に新しくクレジットカードを発行しても
よいかもしれません。

　また、クレジットカード決済の対象になっている金融商品は、投資信託が
中心ですが、**セゾンポケットでは個別銘柄（株式）に一括投資できません
が、積立投資ができます**。個別銘柄への投資が可能となると、投資対象がか
なり広がるでしょう。こうした投資対象から考えることもよいと思います。

　現行NISAもそうですが、新NISA制度が恒久化したことにより、さらに
新しいネット証券会社が次々に誕生し、さまざまなサービスによって競争を
激化させていく可能性があります。所持しているクレジットカードや貯めて
いるポイントがあるなら、こうした制度利用を目的として金融機関を選ぶこ
ともひとつの手です。

証券会社・決済サービスごとのポイント制度の違い

▶ **主な証券会社と決済サービスの組み合わせ**※1

証券会社	決済サービス	貯まるポイント	積み立てによる還元率	投資金額	対象商品
SBI証券	三井住友カード	Vポイント	0.5%〜1%	月100円〜5万円	投資信託
	東急カード	東急ポイント	0.25%〜3%	月100円〜5万円	投資信託
マネックス証券	マネックスカード	マネックスポイント	1.1%	月1000円〜5万円	投資信託
楽天証券	楽天カード	楽天ポイント	0.5%〜1%	月100円〜5万円※1	投資信託
	楽天キャッシュ	楽天ポイント	1.5%	月100円〜5万円※2	投資信託
auカブコム証券	au PAYカード	Pontaポイント	1%	月100円〜5万円	投資信託
tsukimi証券	エポスカード	エポスポイント	0.1%〜0.5%	月100円〜5万円	投資信託
セゾンポケット	セゾンカードUCカード	永久不滅ポイント	0.1%〜0.5%	月1000円〜5万円※3	投資信託個別銘柄
大和コネクト証券	セゾンカードUCカード	永久不滅ポイント	0.1%〜0.5%	月1000円〜5万円	投資信託

出所：各社ホームページより編集部作成

※1　2023年5月末時点の情報
※2　楽天カードクレジット決済5万円と楽天キャッシュ決済5万円で合計月10万円まで積み立て可能
※3　個別銘柄は月5000円から積み立て可能

▶ **SBI証券で東急カードを使って決済する場合の還元率の変化**

ベースポイント：0.25%
誰でも無条件で
ポイント還元される割合

＋

●各種ゴールドカードの使用で**＋0.75%**
●東急カードの年間利用額が200万円以上で**＋0.25%**
●積み立ての予定額が5万円**＋0.25%**
など還元率加算の条件が計10種類ある（最大で3%）

─ CHECK! ─

NISAで運用益を非課税にしつつ、投資でポイントを貯めたり、ポイントを投資に回すことでお得に運用できます

サポート体制や店舗への行きやすさをチェック

証券会社以外なら「使いやすさ」重視

窓口の多い銀行や手数料が低い労働金庫に注目

　証券口座は、証券会社でなくとも開設することが可能です。銀行、農業協同組合、信用金庫、保険会社などがあります。銀行などでNISA口座を開く場合は店舗型が中心となるため、すでに銀行口座を持っている金融機関や近くに店舗があるなどに使いやすい金融機関を選ぶとよいでしょう。

　なかでも利便性が高いのが、イオン銀行です。イオンといえば、大型ショッピングモールの「イオンモール」や「ダイエー」などのスーパーを展開してる企業です。イオン店内やショッピングモール内に窓口が設置されており、**年末年始や大型連休含めて365日営業している点が特徴です**※。

　また、2024年1月からイオン銀行の投資信託口座は、「イオン銀行金融商品仲介口座（仮称）」へ生まれ変わりますが、これはマネックス証券との業務提携により、現在イオン銀行のNISA口座で投資できる投資信託数は300本ですが、マネックス証券で取り扱う投資信託を含む**1300本以上から選ぶことが可能になります**（2023年5月末時点の情報）。さらに、購入時の手数料が無料、イオン銀行の窓口にて投資相談ができるほか、マネックスのサポートダイヤルでも相談ができ、利便性が上がります。

　イオン銀行のほかには、労働金庫（ろうきん）もおすすめです。個別銘柄への投資はできず、取り扱っている投資信託も13本と数は控えめですが、手数料が低い商品がそろっており、初心者でも選びやすくなっています。店舗・オンライン両方での相談が可能な点もおすすめポイントです。

※窓口での相談は事前の予約が必要なく、オンラインでの相談も可能

イオン銀行の特徴

出所：イオン銀行

- イオン店内やイオンモール内に窓口があり、365日営業で利便性が高い
- 窓口相談は事前予約が不要
- オンラインでの相談も可能

マネックス証券との業務提携によるメリット
（2024年1月開始）

- 選択できる投資信託の商品数が300本から1300本以上へ増加
- 購入時の手数料が無料
- マネックスのサポートダイヤルでも投資相談が可能になる

労働金庫（ろうきん）の特徴

出所：中央労働金庫

- 手数料の低い商品が多い
- 店舗・オンライン両方での相談が可能

CHECK!

金融機関の利用は自分にとっての利便性が高いことも選定のポイントになります

パソコン・スマホを使って自宅で完結！

口座の開設から投資するまでの流れ

インターネットから楽に手続きできる！

　NISA口座を開く金融機関が決まったら、早速口座開設をしてみましょう。口座開設の手順については、おおむねどの金融機関でも同じような手順ですが、ここでは楽天証券における総合取引口座の開設、また、それと同時に現行NISAの口座の開設画面を用いて解説します（証券会社でのNISAの開設には、総合取引口座の開設が必要です）。

①口座開設の申し込み

　楽天証券の場合、楽天会員である必要があるため、楽天会員の登録から始めましょう。すでに楽天会員である場合は必要ありません。

②本人確認書類の提出

　本人確認書類の提出をします。多くの場合、**免許証かマイナンバーカード、もしくはその両方が必要です**。楽天証券は、免許証もしくはマイナンバーカードがあれば、スマートフォンを使い、その場の写真撮影で本人確認が完了します。パソコンの場合、本人確認書類の画像をアップロードすればOKです。どちらも難しい場合には郵送での送付も受けつけています。

③本人情報の入力

　氏名や住所などの情報を入力します。スマートフォンで本人確認をした場合、ログインパスワードの登録をします。**登録したパスワードは忘れないように保管しておきましょう**。なお、パソコンを使って本人確認書類画像をアップロードした場合には、パスワードの登録は必要ありません。

総合取引口座　証券会社において株式や投資信託を売買するための口座の総称。また、銀行の総合口座と同じく各種口座をまとめて管理できる

楽天証券におけるNISA口座の開設方法（その１）

①口座開設の申し込み

●楽天証券ホームページから「口座開設」を選択する

▼

楽天会員であるかを選択する

●すでに楽天会員であれば「楽天会員の方」を選択

●楽天会員でない場合は「楽天会員ではない方」を選択してアカウントを作成

●その後、表示されるメールアドレス記入欄にアドレスを入力し、楽天証券からメールを受け取る

②本人確認書類の提出

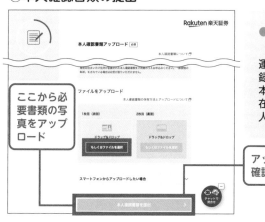

ここから必要書類の写真をアップロード

アップロード後に「本人確認書類を提出」を選択

●以下のいずれかの書類を用意して撮影・アップロードを行う

運転免許証、住民票の写し、印鑑登録証明証、各種健康保険証、住民基本台帳カード、パスポート（日本）在留カード／特別永住証明書、個人番号（マイナンバー）カード

特定口座と一般口座 　特定口座は、納税申告を簡易にできる口座。一般口座は書類をもとに確定申告を行う必要がある。一般的に特定口座を選ぶのがよい

④審査・完了通知の受け取り（メール）

　本人情報の入力が終わると金融機関の審査があり、**通常１〜３営業日程度かかります**。場合によっては通常より日数がかかることもあります。審査が通った後は、完了通知がメールにて届く場合が多いです。楽天証券の場合、総合取引口座へログインするためのIDがメールもしくは郵送（パソコンおよび郵送手続きの場合）で届くので、大切に保存しておきましょう。

⑤初期設定

　総合取引口座ページへログインした後、取引を始めるのに必要な情報を入力し、初期設定をします。楽天証券の場合、本人確認を免許証などのマイナンバーカードで行った場合、ここでマイナンバーの登録が必要です。

　総合取引口座の開設ができたら、次は取引までの流れです。

　総合取引口座で取引を行うには、投資資金を事前に入金しておく必要があります。この入金は、**任意の銀行口座などから楽天証券指定の口座に振り込むことで完了します**。コンビニATMや銀行口座窓口から振り込みできるほか、近年広がりつつあるインターネットバンキングを利用して入金することもできます。ただし、入金が総合取引口座に反映されるまでには時間がかかることも。あらかじめ余分に資金を入れておくか、余裕を持って入金しておくとよいでしょう。

　最近は総合取引口座と相性のよい銀行口座を連携することで、手数料が無料になったり、リアルタイムで入金できるサービスも広がっています。楽天証券の場合、**楽天銀行の口座と連携（マネーブリッジ）すると、総合取引口座での注文時に銀行口座から資金を移動させることが可能です**。証券口座を開設した金融機関と相性のよい銀行口座を開くこともおすすめです。

　証券口座に入金できたら、取引の準備は完了です。金融商品の取引方法については、102ページから解説していきます。

楽天証券におけるNISA口座の開設方法（その２）

③本人情報の入力

● 「名前」「性別」「生年月日」「住所」「電話番号」を入力

● NISA口座とは別に、課税口座で取引した場合の納税方法を選択

NISA口座の開設を選択

● NISA口座の選択欄で「開設する」を選択

● 入力完了後に「内容確認へ」を選択し、内容に誤りがなければ申し込み

④審査・完了通知の受け取り（メール）

● 1～3営業日程度の審査を経て完了通知のメールが届く

● メールに記載されたIDを使ってログイン（郵送での申し込みではIDが郵送で届く）

⑤初期設定

● 総合取引口座ページへログイン後、暗証番号、勤務先情報の入力を行う

● マイナンバーカードの登録を行う（本人確認書類としてマイナンバーカードを選択した場合を除く）

CHECK!

ネット型であれば基本的にインターネットのみの申し込みで完結できます

変更手続きの流れを整理しておこう

NISA口座を別の金融機関に変更したいときは?

1年ごとの変更手続きになる

新NISAは現行NISA同様、開設できる口座は1人1口座です(2023年5月末時点)。では、NISA口座を開設した後で別の金融機関に変更したいときは、どのようにすればよいのでしょうか? NISA口座の金融機関の切り替えは、1年ごととなります。**口座変更手続きの期間は、変更を希望する年の前年の10月～その年の9月までです。**また、例えば2024年1月1日以降に一度でも取引があると、2024年分の口座変更はできません。**取引がある場合は、2024年10月1日以降に手続きを行うことで、2025年から新しい口座で取引が可能です。**変更手続きの流れは下記のとおりです。

①現在利用している金融機関に申請を行う

現在NISA口座を開設している金融機関に、「金融商品取引業者等変更届出書」を要求し、本人確認書類と一緒に提出します。

②現在利用している金融機関から書類を受け取る

①の書類を申請後、「非課税管理勘定廃止通知書」が送られてきます。

③新しい金融機関に申請を行う

変更を希望する金融機関に、NISA口座開設の申請を行い、「非課税口座開設届出書」を受け取ります。書類を記入したら「非課税管理勘定廃止通知書」と一緒に新しい金融機関へ送付すれば、手続き完了です。

なお、口座変更前に保有する金融商品は、変更後の新しいNISA口座へ移管できません。対応は34ページで確認してください。

口座変更のスケジュール

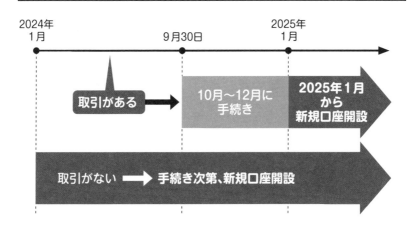

2024年
1月　　　　　　　　　9月30日　　　　　　　2025年
1月

取引がある ➡ 10月〜12月に手続き　2025年1月から新規口座開設

取引がない ➡ 手続き次第、新規口座開設

口座変更手続きの手順

STEP1 現在利用している金融機関に金融商品取引業者等変更届出書と本人確認書類を提出する

STEP2 現在利用している金融機関から非課税管理勘定廃止通知書を受け取る

完了!

STEP3 ①新しい金融機関にNISA口座開設の申請を行う
②非課税口座開設届出書を受け取り、非課税管理勘定廃止通知書と併せて新しい金融機関に送付する

CHECK!

書類の受け取りや提出にかかる時間を考慮して、はやめに手続きを行うのがよいでしょう

コラム2

複数のNISA口座を開設できるのか？

税務署で先に処理された金融機関のみ有効

54ページでも説明したとおり、NISA口座は1人につき1口座と決められています。では、複数の金融機関で口座開設をしたらどうなってしまうのでしょうか。

金融機関にてNISA口座開設の申し込みをすると、金融機関側が税務署に「非課税適用確認書の交付申請書」を提出して手続きを行います。そこで税務署に受理されると、NISA口座を開設できるのです。そのため、税務署で最初に処理された金融機関でのみ、NISA口座を開設できます。

例えば、A証券とB証券でNISA口座の申し込みを行い、A証券の税務署手続きが先に完了したとすると、B証券の手続きは受理されません。B証券からは「非課税適用確認書の交付を行わない旨の通知書」が届き、NISA口座の開設は認められ

ないことになります。ここでの注意点は、「B証券の口座は課税口座扱いになる」ということです。

NISA口座として有効な口座は1口座のみですが、もう一方の口座はNISA口座としては無効でも、課税口座として開設されます。B証券からの通知書に気づかないまま取引をしてしまうと、利益に課税されてしまったり、場合によっては確定申告が必要になったりということが起こりかねません。

誤って複数のNISA口座の開設をしてしまった場合は、希望する金融機関でNISA口座の開設ができなくなる恐れがあります。気づいたら速やかに、NISA口座の開設・取引を希望しない金融機関に対して、NISA口座の開設申込の取り消しを連絡しましょう。

Chapter 3

NISAでの
銘柄選びの
ポイント

NISAの基本がわかったら、次は投資する銘柄を選んでいきましょう。投資において最も有名な「株式」のみならず、「投資信託」や「ETF」、「REIT」などの金融商品の解説と、現行NISAで買えるおすすめ銘柄を紹介！　ぜひ投資の役に立ててください。

伊藤亮太

制度の区分によって買える金融商品が異なる！

NISAで買える金融商品って何がある？

一般とつみたてによって買える金融商品が異なる

　NISAでは投資できる金融商品が決められています。**現行NISAの一般NISAでは株式、投資信託、ETF、REITなどの金融商品を買えることが特**徴です。**つみたてNISAの場合、長期の積み立て、分散投資に適し、金融庁が定めた一定の条件をクリアした投資信託など。主に投資信託や一部ETF**が投資対象となります。現行NISAと同じく、2024年から始まる新NISAも、成長投資枠とつみたて投資枠で対象商品が異なります。**成長投資枠は一般NISAと同様の金融商品に投資できます。つみたて投資枠も投資信託やETFなど、つみたてNISAと大きく変わりません。**

　しかし、選べる銘柄は厳格化され、新NISAの成長投資枠では、現行の一般NISAにて対象だった一部金融商品の銘柄が除外されます。具体的には、①整理銘柄・監理株式、②信託期間20年未満、高レバレッジ型、毎月分配型の投資信託です。①の整理銘柄は上場廃止される株式、監理銘柄は上場廃止の恐れがある株式のこと。②の信託期間とは投資信託を運用する期間のことです。新NISAの対象には一定の信託期間が必要です。高レバレッジとは投資信託の対象指標より大きな動きをするブルベア型のような投資信託のことです。毎月分配型とは、毎月決算を行い、収益がなくても収益分配金として毎月分配するため、資産が目減りすることになります。つまり、これら金融商品はハイリスクハイリターンで、**金融庁が「資金形成に向いていない」と判断し、除外したものです。**これまで以上に選びやすくなるでしょう。

つみたてNISAの投資対象　つみたてNISAの投資対象は、分散投資に適した一定の投資信託に加え、2023年4月27日より米国ETFも対象となった。海外ETFの解説は70ページ参照

現行NISAと新NISAで買える金融商品の違い

おおむね一般NISAの対象商品は成長投資枠で、つみたて
NISAの対象商品はつみたて投資枠で買えるようになる

制度 主な 金融商品	現行NISA		新NISA	
	一般NISA	つみたてNISA※1	成長投資枠※2	つみたて投資枠※1
国内株式	◯	✕	◯	✕
外国株式	◯	✕	◯	✕
投資信託	◯	◯	◯	◯
国内ETF	◯	◯	◯	◯
海外ETF	◯	△	◯	△
REIT	◯	◯	◯	◯

出所：金融庁のホームページより編集部作成

2023年4月27日より「米国ETF」が投資対象となった

※1　金融庁が指定した、長期の積み立てまたは分散投資に適した一定の投資信託に限られている。つみたてNISA
　　で購入できる金融商品の一覧は、金融庁のホームページで公開されている

※2　①整理銘柄・監理銘柄、②信託期間20年未満、高レバレッジ型、毎月分配型の投資信託は除外となる

つみたてNISAやつみたて投資枠では株式（国
内・株式）への投資はできません。株式は、一般
NISAか、成長投資枠のみになります

CHECK!

**一般NISAとつみたてNISAでは買える商品が異なります
（19ページ参照）**

ブルベア型　　高レバレッジな基準となる指数の値動き以上に利益がでるようにつくられた投資信託のひ
　　　　　　　とつ。指数と同じ方向の値動きを目指すのがブル型、逆方向の値動きを目指すのがベア型

投資で最もポピュラーな国内株式

NISAで買える金融商品①
国内株式って何？

企業のオーナーになってさまざまな恩恵が受けられる

　投資において最も有名な金融商品といえば、株式投資ではないでしょうか。なかでも身近な株式投資は国内株式です。証券取引所に上場している企業に投資を行い、企業の業績によって株価が上下します。また、**企業の株式を買うということは、その企業のオーナーになるということ。株主総会への出席、配当や株主優待などの恩恵を受けることもできます。**

　国内株式の個別銘柄選びのポイントは「成長の伸びしろがあるか」。東洋経済新報社が発行している『会社四季報』には、企業の業績が掲載されています。少なくとも2～3年分の業績実績・予想を見て判断するとよいでしょう。単年度だけではわかりませんが、複数年で見れば「利益などがアップしている」などと成長度が判断できるからです。

　また、四季報以外にも企業を判断するポイントは身近にあります。ひとつは流行のテーマを追うこと。直近のニュースや新聞で見かける話題に関連する企業を探したり、お店に入って「この商品（サービス）いいな」と感じたものに着目したりすることもよいです。BtoCの企業であれば、私たち消費者からの支持が企業の成長を大きく左右することがあるからです。

　しかし、そうした理由から気になる企業をピックアップした後で、必ずその企業の情報について調べることが重要です。**「PER」「PBR」「配当利回り」は最低限見ておきたいところ。**PERとPBRは同業他社との比較、配当利回りは3％以上ある企業が望ましいです。

　株主総会　株主が企業に関する意思決定を行う最高機関のこと。事業や組織、役員に関する重要事項などの決定を行い、株主であれば誰でも参加することができる

銘柄情報で確認しておきたい事項

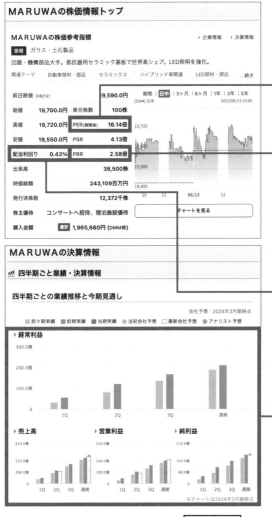

PER(株価収益率)

株価が1株あたり純利益の何倍になっているかを示す。PERの水準は業種によって異なるため、同業他社よりもPERが低い企業を探す

PBR (株価純資産倍率)

株価が1株あたり純資産の何倍になっているかを示す。企業の資産価値に対して割高か割安かを判断できる。割安なのは1倍未満の企業であり、投資目線は1.3倍以下の企業

配当利回り

株価に対する配当金の割合。できれば3%以上ある企業が望ましい

業績

過去3～5期分の業績とこれからの予想2期分が記載されている。売上高と営業利益が連続して上がっている企業がよい

出所:みんかぶ

CHECK!

四季報のほか、各金融機関のサイトではPBRやPER、配当利回りなどの指標がリアルタイムで確認できます

配当・株主優待 配当とは企業が株主に対して株数に応じた利益を分配すること。株主優待とは、株数に応じた企業から与えられるサービスのこと

メリット・デメリットを理解して上手に保有したい

NISAで買える金融商品②外国株式って何?

世界情勢の把握が必要

外国株式とは、その名のとおり海外企業の株式です。NISAを利用して投資することができますが、国内株式と異なる点に注意が必要です。

世界情勢によって、為替が上下します。外国株式は、通常、その国の通貨で売買しますが、日本から海外株式を購入するには、円をドルなどの通貨に変える必要があり、為替によって円で買える金額が変わります。

そのためには**企業の業績だけでなく、円高・円安など為替レートを動かす要因となると世界情勢とその国の経済事情の把握も必要です**。米国なら英語を理解できればその情報は比較的豊富ですが、米国以外の国の株式だとそもそもその国の情報の入手が限られていることもあります。

相場の違いは、国内株式のように「ストップ高・ストップ安」を設けていない国があるということです。ストップ高・ストップ安とは、値幅制限のこと。株価が急上昇・急降下すると、市場が混乱します。この混乱を抑えるため、前日の終値から一定の上下幅で値動きするよう値幅制限があるのです。

日本では値幅制限が設けられていますが、米国や中国では値幅制限がなく、代わりに相場全体の取引を停止させる「サーキットブレーカー」というしくみがあります。ですが、災害や経済危機が起った際には、日本の値幅制限以上に大きく損をする可能性があります。

また、102ページで解説した国内株式の単元制度は米国などにはなく、1株から購入することができます。

円高・円安　　海外通貨に対して円の価値が高く、または安くなること。例えば「1ドル=100円」が「1ドル=90円」になれば円高、「1ドル=110円」になれば円安となる

外国株式のメリットとデメリット

メリット

- 多様な外国株式の保有は分散投資になる
- 米国など1株から購入できる国がある
- 経済成長が高い国は株式の成長率も高く、大きく利益を生み出せる可能性がある
- 成長率の高い株式は、配当率も高い傾向にある

デメリット

- 為替の影響を受ける
- ストップ高・ストップ安がない国がある※
- 国内株式に比べ、情報源が限られている
- 株主優待がない。株主優待は日本独自の制度

※値幅制限がない国でも、一定以上の値動きがあった場合に強制的に取引を停止させる「サーキットブレーカー」制度が発動する場合もある。米国や中国、韓国などで取り入れられている

2023年5月末現在の米国の情勢

[CPI　2020年1月〜2023年5月]

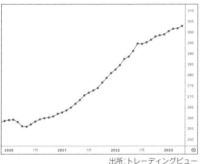

出所：トレーディングビュー

伊藤

現在の米国は政策金利が引き上げられ、物価が上昇しています。左のチャートは米国の物価指数を表すCPI。そうなると、消費は落ち込み、企業の業績や株価も下がります。今米国株を買うのは、相当な吟味が必要です

CHECK!

ニュースなどで世界やその国の動きを把握し、為替レートの動きに注視して投資しましょう

CPI　米国の物価変動を表した経済指数のこと。食料品や衣料品など約200の品目の変化を調査し指数化したもので、米国労働省労働統計局が毎月発表している

ひとつの銘柄で分散投資ができる！

NISAで買える金融商品③投資信託って何？

プロの投資家が運用してくれる商品

　つみたてNISAやiDeCoにおいて投資の中心となる投資信託。「ファンド」といわれることもあります。**投資信託は、投資家から集めたお金を資金源として、投資のプロが運用する金融商品です。**この運用成績がお金を預けた投資家に分配されていくのです。また、株式投資とは異なり、「ひとつの投資信託への投資＝ひとつの企業への投資」というわけではありません。投資信託は複数の金融商品が組み合わさっています。

　例えば、三菱UFJ国際投信の運用する「eMAXIS Slim全世界株式（オールカントリー）」は、世界中の国や地域の株式へ投資しています。そのため、eMAXIS Slim全世界株式（オールカントリー）に投資を行えば、間接的に世界中の株式へ分散投資をしていることになるのです。**分散投資のよいところは、リスクへの対応を施したリスクヘッジができるところ。例えば日本株が下降しても、他国の株が上がっていれば、損をしにくいのです。**

　また、組み合わせは国だけではありません。東京海上アセットマネジメントの「東京海上ターゲット・イヤー・ファンド2055」は、異なる金融商品が組み合わさった商品です。**株式や債券などに分散投資しているため、株式が下がっても債券が上がっていれば損失が発生しない可能性があります。**

　このように、投資信託ひとつを買えば簡単に分散投資、リスクヘッジが可能です。また、ファンドを構成する金融商品の比率によって、国内外株式型、国内外債券型、不動産投資型などさまざまな種類があります。

債券　国や地方公共団体などが、投資家から借り入れを行うために発行するもの。満期になるとお金が戻り、利子を得られる

株式と投資信託の違い

▶ 株式投資の場合

投資家 → 投資 → 株式

> 企業の業績をチェックできれば、その結果が得られやすい。ただし、株式だけで分散投資をしようとすると、その分だけでチェックしなければならない

▶ 投資信託の場合

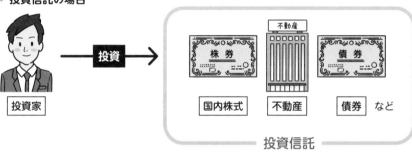

投資家 → 投資 →

不動産

株券　不動産　債券

国内株式　不動産　債券 など

投資信託

ひとつの投資信託に投資すれば、実質的にさまざまな金融商品に投資することになり、簡単に分散投資ができる。プロが運用しているためチェックもできている

株式と投資信託の価格の決まり方

株価

買いたい人(需要)と売りたい人(供給)のバランスによって決まる。また、株価を動かす要因は、企業の業績や景気などさまざまな理由がある

基準価額

基準価格は投資信託1口あたりの値段のことで、投資信託の資産のうち、投資家が保有している「純資産総額」を投資信託の「総口数」で割った値。1日に一度発表される

伊藤

投資をはじめたての人が長期投資をするなら投資信託がおすすめです

インデックスファンドとアクティブファンド

　そして投資信託には、値動きを目標とする「ベンチマーク」という指標があります。このベンチマークに連動するように運用する投資信託を「インデックスファンド（インデックス型)」、ベンチマークを上回るように運用する投資信託を「アクティブファンド（アクティブ型)」といいます。

　日本株に投資する投資信託のベンチマークなら、「日経平均株価」や東京証券取引所のプライム市場全体を対象とした「TOPIX（東証株価指数)」などがあります。日興アセットマネジメントが運用する「インデックスファンド225（日本株式)」は、日経平均株価の値動きに連動するインデックスファンドで、国内株式に投資することによって、日経平均株価の値動きを目指しています。**インデックスファンドのメリットは、手数料などのコストが低く、多くの銘柄に分散投資できること**。投資対象は基本的にベンチマークを構成する銘柄と同じで、安定した運用結果を得ることができるでしょう。しかし、指標以上の運用結果を得にくいということが懸念点でもあります。

　また、野村アセットマネジメントが運用する「野村DC日本株式アクティブファンド」は、TOPIXがベンチマークです。企業一つひとつの業績を分析し、投資対象を決定することでTOPIXを上回る運用を目指しています。**アクティブファンドのメリットは、ベンチマークを上回る運用結果が期待できること**。しかし、プロの投資家が手間をかけて投資対象を決めていることから比較的コストが高く、運用結果もプロの投資家次第となります。

　上記の理由から、一般的にはインデックスファンドよりアクティブファンドのほうが大きな利益が期待できるといわれています。しかし、アクティブファンドは値動きが大きい分、連動を目指すインデックスファンドのほうが結果的によいパフォーマンスをする銘柄が多いことも事実です。投資初心者なら、コストの低いインデックスファンドから始めるのがおすすめでしょう。それでも大きな利益を狙いたい場合は、インデックスファンドとアクティブファンドを併用するなど銘柄をよく選んでみましょう。

　　日経平均株価　　日本経済新聞社が東京証券取引所のプライム市場に上場している約2000銘柄のうち、売買の活発さや安定度の高い225銘柄を選定し、それらの株価をもとに算出される指数のこと

インデックスファンドとアクティブファンドの違い

	インデックスファンド	アクティブファンド
運用目標	指数に連動するような値動きにすること	指数を上回る運用成果を目指す
コスト（信託報酬）	安いものが多い	インデックスファンドと比較すると高い
特徴	・市場全体（指数）に投資できる ・代表的な指数に連動するものが多く、値動きがわかりやすい。また、情報も多く得られる	・独自のテーマに沿った投資ができる ・ファンドの種類が多い ・運用者次第で成果が変わる
ベンチマークと値動きの例	ベンチマークに連動したパフォーマンス 値動きは比較的安定している ──インデックスファンドの値動き ┈┈ベンチマークの値動き	ベンチマークを上回るパフォーマンス インデックスファンドよりも値動きが激しい ──アクティブファンドの値動き ┈┈ベンチマークの値動き
運用するなら	初心者におすすめ	インデックスファンドと併用してリスクヘッジしながらなら◎

CHECK!

はじめて投資信託に投資するなら、コストの低いインデックスファンドを選びましょう

TOPIX　「Tokyo Stock Price Index」の略で、東京証券取引所に上場している銘柄を対象として算出される指数のこと。日経平均株価と並ぶ代表的な指数で、「東証株価指数」ともいう

投資信託のインデックスファンドと似ている

NISAで買える金融商品④ 国内ETFって何?

株式市場で買える投資信託

　あまり聞き馴染みがないかもしれませんが、**ETFも投資信託のひとつです**。「Exchange Traded Fund」の略で、日本語では「上場投資信託」といいます。通常の投資信託との大きな違いは、ETFは株式市場に上場し、通常の投資信託は非上場なのです。

　基本的には通常の投資信託の特徴と同じで、投資家から集めたお金を投資のプロが運用し、運用成績を投資家に分配しています。複数の金融商品が組み合わさってひとつの商品となっているため、ひとつのETFに投資すれば、さまざまな金融商品や国・地域などに分散投資することが可能です。また、インデックスファンドと同じように、ベンチマークに連動していることから値動きが把握しやすく、投資信託に比べてコストが低いという特徴があります。さらに、上場しているためリアルタイムの価格での取引も可能です。

　ただし、**ETFの価格には「市場価格」と「基準価額」の2つがあることに気をつけましょう**。市場価格とは市場の売買により決まる価格のこと。リアルタイムでの取引は市場価格がベースになります。基準価額とはETFの保有する純資産によって決まる価格のことで、1日1回公表されます。分配金利回りや信託報酬などの計算は基準価額で行われます。市場価格と基準価額は必ずしも一緒になるわけではなく、2つの価格にかい離が生じることがあります。大きなかい離がある場合で、市場価格が高いと感じたら、適正価格に落ち着くのを待ってもよいでしょう。

市場価格と基準価額

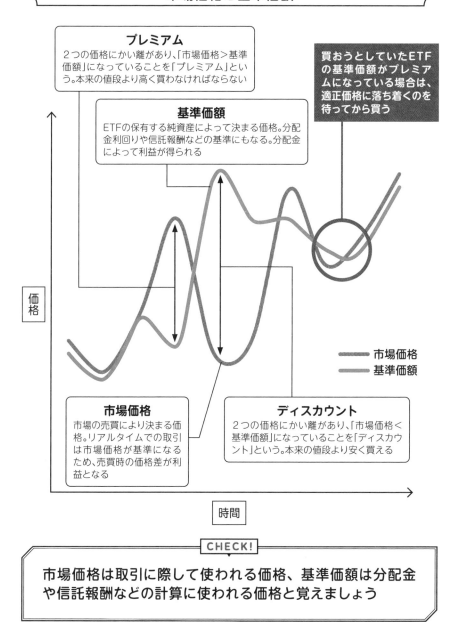

プレミアム
2つの価格にかい離があり、「市場価格＞基準価額」になっていることを「プレミアム」という。本来の値段より高く買わなければならない

基準価額
ETFの保有する純資産によって決まる価格。分配金利回りや信託報酬などの基準にもなる。分配金によって利益が得られる

買おうとしていたETFの基準価額がプレミアムになっている場合は、適正価格に落ち着くのを待ってから買う

価格

市場価格
基準価額

市場価格
市場の売買により決まる価格。リアルタイムでの取引は市場価格が基準になるため、売買時の価格差が利益となる

ディスカウント
2つの価格にかい離があり、「市場価格＜基準価額」になっていることを「ディスカウント」という。本来の値段より安く買える

時間

CHECK!
市場価格は取引に際して使われる価格、基準価額は分配金や信託報酬などの計算に使われる価格と覚えましょう

米国ETFがつみたてNISAでも買えるようになった！

NISAで買える金融商品⑤ 海外ETFって何？

長く保有するなら現行NISAからの保有がおすすめ

　海外ETFとは、海外市場に上場しているETFのことです。NISAで投資することができます。海外ETFの主要市場は米国で、**米国市場を中心に大きな成長をしており、長期保有によって大きく利益を生み出した人がいること、2023年4月27日よりつみたてNISAでも米国ETFの取引が開始されたことから注目が集まっています。** ただし、注意点もいくつかあります。

　ひとつめは、売買手数料がかかること。NISAでは「投資信託の売買手数料をゼロにする」決まりがありますが、ETFは1.25%以下となってるため、コストがかかることが多いのです。特につみたてNISAには厳しい基準があり、取り扱っているETFの数も少なくなっていますから、一般NISAの自動積立を利用して、豊富なラインナップから選んで積み立てるほうがよいかもしれません。2つめは、為替の影響を受けること。外国株式と同様、取引する市場の通貨と円のレートにより売買金額が変わります。円高・円安も加味しながら慎重に取引することが求められます。3つめは、投資先の国の税金がかかること。例えば米国ETFをNISAで売買すると、日本の税金はかかりませんが、分配金に対して米国の税金（10%）がかかります。通常であれば確定申告で外国税額控除を申請することで還付されますが、NISAでは外国税額控除が適用されません。つまり、10%の税金は払わなければならないのです。大きなリターンが期待できる一方、こうしたコストがかかってしまう点は念頭に置いて取引をしましょう。

NISAにおける国内ETFと海外ETFの課税の違い

▶ NISAで国内ETFを買った場合

売却時に利益が出た

⇩

日本の税金がかかる

分配金が出た

⇩

日本の税金がかかる

NISAを利用すれば非課税に！

▶ NISAで海外ETFを買った場合

売却時に利益が出た

⇩

日本の税金がかかる

NISAを利用すれば非課税に！

分配金が出た

⇩

日本＋海外の税金が
かかることがある

NISAを利用すれば日本の税
金は非課税になるものの、投資
先の国の税金がかかる

CHECK!

NISA特有の非課税のメリットが半減しますが、外国株式の
ように大きなリターンを狙えることもあります

不動産を所有しなくとも不動産に投資できる

NISAで買える金融商品⑥ REITって何？

リスクバランスをとるために最適な金融商品

　REIT（リート）とは、不動産を取り扱った投資信託です。もともと米国で生まれた金融商品であるため、日本では頭にJAPANの「J」をつけて「J-REIT」や「不動産投資信託」ともいわれます。投資家から集めたお金を投資のプロが運用するわけですが、**不動産の家賃収入と売買益などにより利益が生み出され、分配される金融商品です。**

　投資信託の投資対象が株式や債券などで構成されるように、REITの投資対象もたくさんあります。代表的なものとしては、居住施設（マンション、アパートなど）、商業施設、物流施設、オフィス、宿泊施設（レジデンシャル）などです。リスクは株式よりは低く、債券よりは高いことから、ミドルリスク・ミドルリターンともいわれています。リスクとリターンを顧みて、バランスを取るために組み合わせる金融商品として最適です。

　投資先が不動産ということで、**景気に影響を受けやすいという特徴があります。最も景気を受けやすいのはオフィス、受けにくいのは居住施設などで**す。例えば、コロナ禍ではテレワークやオンライン会議などが普及したことから、オフィスビルの空室率が上昇しました。そうなれば家賃収入が下がるため、REITの価値も下がっていくわけです。

　ただ、景気がよければオフィスに投資してもよいでしょう。景気が悪化しそうになったらオフィスの比率を下げて、居住施設の比率を上げるといった工夫をしながら投資をしましょう。

主な金融商品のリスクとリターンの度合い

一般的に三者のリスク・リターンを比較して下記のようにいわれる

●**株式**……ハイリスク・ハイリターン
●**REIT**……ミドルリスク・ミドルリターン
●**債券**……ローリスク・ローリターン

組み合わせ次第で、リスク・リターンバランスの調節が可能になる

●**株式＋REIT**……株式のみよりもリターンは低くなるが、リスクを抑えられる
●**REIT＋債券**……債券のみよりもリスクは高くなるが、リターンが期待できる

REITと景気の関係性

景気の影響を受けやすい	商業施設	不景気や消費税増税などのタイミングは消費が落ち込むため、値下がりしやすいが、好景気では値上がりしやすい
	オフィス	不景気やコロナ禍などの有事にはオフィスの家賃収入が減るため、値下がりしやすく、好景気では値上がりしやすい
	宿泊施設	観光客の増減によって値動きしやすい。また、不景気からの回復の局面では大きな値上がりが期待できる
景気の影響を受けにくい	居住施設	家賃を上げるには正当な理由が必要。そのため、景気の変動によって家賃が急激に上下することはあまりなく、比較的安定しているため、長期保有に向いている
	物流施設	生活必需品の食料品や日用品に関する工場や出荷に関わっていることから、長期契約であることが多く、短期的な景気の影響を受けにくい。また、安定した分配金が望める

CHECK!

REITのなかでも、景気動向によって向き不向きの種類があることを忘れずに投資しましょう

銘柄ごとの特性を理解しておこう

新NISAではどんな銘柄が買える?

新NISAで買える銘柄の詳細は未発表

　NISAで投資できる金融商品がわかったら、次は「何を買えばよいのだろう」と考える人も多いと思います。特に新NISAは2024年からのスタートから十分に活用してほしいものですが、実は2023年5月時点では、58ページで解説した対象外の銘柄の条件以外、新NISAで対象となる具体的な銘柄名は発表されていないのです。19ページで紹介した、対象または除外となる銘柄の枠組みは公表されたものの、それもまだ変わる可能性があります。**基本的には「現行NISAのラインナップと大きく変わらないのではないか」といわれています。**ちなみに、現行NISAで買える銘柄は各金融機関の商品ページなどでも確認できます。

　しかし、銘柄を吟味していくうえで、見るべきポイントが大きく変わることはありません。

　まずは各金融商品がどのようなものか丁寧に基本を解説していきます。例えば、「株式」は国内外で株価が動く特性や取引のルールなどが異なっており、同じ認識で取引をすると大きく損をしてしまう可能性があります。また「投資信託」は、いくつかの金融商品が組み合わさってひとつになっており、その組み合わせや比率がリスクやリターンに直結します。

　それぞれどんな性質や特徴があり、どのように利益を生み出していくしくみがわかると、金融商品選びにも役立つのではないでしょうか。

NISAで買える商品を探すには？

新NISAで買える具体的な銘柄はまだ発表されていませんが（2023年5月時点）、現行NISAで買える銘柄は各金融機関のサイトで簡単に調べることができるため、探してみよう。以下は投資信託探すツール。SBI証券の「投資信託パワーサーチ」

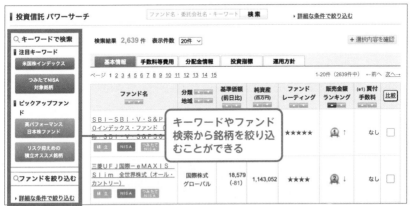

出所：SBI証券

同じ株式でも国ごとに特性やルールが異なる

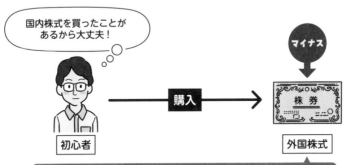

国内株式を買ったことがあるから大丈夫！

初心者 → 購入 → マイナス 株券 外国株式

取引ルールを確認しておかないと、損をする恐れがある

CHECK!

投資を行う前に、金融商品ごとに特性や取引ルールを確認しましょう

成長も期待できる安定配当銘柄

NISAで保有したい 国内株式6選

成熟した安定成長、配当が高い安定成長株銘柄

　ここからは具体的なおすすめ銘柄を紹介していきます。PER、PBR、配当のよい銘柄や、今後の成長が期待できることを基準に選定しています。銘柄の選定ポイントを解説していくので、自分で銘柄を探す際の目安としてみてください。なお、企業名横の４ケタの数字は銘柄コードといい、上場している銘柄に振られる番号です。

①いすゞ自動車（7202）

　100年以上の歴史がある自動車メーカーです。主に商用トラックなどを製造しており、物流の高度化・多様化が進むなか、期待される企業のひとつとなっています。ディーゼルエンジンに定評があり、東南アジアなど海外販売にも強いことでも有名です。いすゞ自動車が上場している**東証プライム市場全体の配当利回り平均は２％程度に対し、いすゞ自動車の配当利回りは４％と高い数字を誇っています。**長く保有しておくには適した銘柄でしょう。

②日本特殊陶業（5334）

　自動車の部品である点火プラグや排気センサーを製造する企業で、世界最大手です。半導体・ファインセラミックス関連の部品も製造しています。民間月面探査プログラム「HAKUTO-R」の技術実証試験では、宇宙空間での固体電池の稼働を確認しました。**業績がよく、配当利回りは５〜６％とかなり高い水準となります。**こうした配当利回りが高い銘柄を保有しておけば損しにくく、長く保有しておくには適した銘柄です。

※1　76〜97ページの情報はすべて2023年５月末時点のデータを掲載しています。投資の際は、企業状況などを再度調べてください

いすゞ自動車（7202）の概要

上場市場　東証プライム市場　　　**業種**　輸送用機器

企業概要　商用トラックメーカー。ディーゼルエンジンに定評有

過去5年間の株価の推移

［月足　2018年5月～2023年5月］

現在値	1632円
配当利回り	4.9%
PER	8.33倍
PBR	0.84倍

コロナ禍後、上昇傾向が継続

伊藤's comment

海外にも展開している安心の老舗自動車メーカーです。配当利回りも高く、長期保有に向いています

日本特殊陶業（5334）の概要

上場市場　東証プライム市場　　　**業種**　ガラス・土石製品

企業概要　点火プラグ、排気センサー世界最大手。半導体関連も

過去5年間の株価の推移

［月足　2018年5月～2023年5月］

現在値	2610円
配当利回り	5.08%
PER	8.02倍
PBR	0.94倍

上昇が続き、高値水準へ

伊藤's comment

自動車の点火プラグや排気センサー製造する世界最大手の企業。業績がよく、配当利回りも高くおすすめです

※2　紹介している銘柄は現行NISAで購入できる銘柄から選択し、新NISAにおいても問題ない予測の元で紹介しています。実際に購入できることを保証したものではありません

成長が見られる銘柄

③未来工業（7931）

　電気設備資材、給排水設備資材、ガス設備資材の製造・販売を行う企業です。特に照明器具のスイッチやコンセントの裏側に埋め込まれているスイッチボックスで国内高シェアを獲得しています。**独自製品も多いことから利益率が高いのが特徴です。**また、年間休日が多いこと、残業ゼロを掲げていること、老若男女すべての人が幸せに働ける環境づくりを徹底していることなどから、2015年には「第1回ホワイト企業大賞」を受賞しています。

　2023年4月に発表した決算短信によると、「2024年3月期から2026年3月期は、配当性向を50％、または株主資本配当率（DOE）2.5％を目安に配当」という目標を掲げ、配当を引き上げています。株主に還元するという姿勢が見受けられ、こうした点からおすすめな銘柄です。さらに実質無借金経営で、堅実な経営を行っているため、今後の経営についても安心できる企業といえるでしょう。

④インフロニア・ホールディングス（5076）

　建設や舗装、アスファルト合材の製造・販売、施設管理などを行う準大手ゼネコン企業です。2023年5月にはホール・アース・ファウンデーションへの資金提供を行うとともに、同社の開発した市民参加型データ収集アプリ「TEKKON」により集めたインフラデータを活用し、新たなインフラマネジメントサービスを提供する新会社設立を発表しました。Web3.0の活用と将来の人口減少を見据え、インフラ管理に挑戦します。また、合材の製造・販売などにより、国内建築・土木のコスト削減、増収が期待されます。

　2022年から2023年の1年間にかけては株価が横ばいで推移していましたが、2023年3月期に発表された決算で連結経常利益は前期比9.8％増の417億円に伸びたことなどから、大きく上昇。株価は1000円前後の水準を行き来しており、買いやすい価格にもなっています。**事業内容的に将来性があることから、長く保有する銘柄として持っておくとよいかもしれません。**

決算短信　企業の決算発表を投資家に知らせるための書類。本来の決算情報と違い、早めに知らせるため推測も含まれる

未来工業(7931)の概要

上場市場 東証プライム市場　　　**業種** サービス業

企業概要 電気設備資材メーカー。ホワイト企業の代表格

過去1年間の株価の推移

[日足　2022年11月〜2023年6月]

2023年4月発表の決算を受けて大きく上昇

現在値	2340円
配当利回り	2.3%
PER	14.91倍
PBR	1.21倍

伊藤's comment

電気設備資材の大手。独自製品が多いことから、利益率が高い。社員のことを第一に考える経営が◎

インフロニア・ホールディングス(5076)の概要

上場市場 東証プライム市場　　　**業種** 建設業

企業概要 準大手ゼネコン企業。次世代のインフラ管理システム構築に挑戦

過去1年間の株価の推移

[日足　2022年5月〜2023年5月]

決算で好業績を発表し、急上昇

現在値	1263円
配当利回り	4.35%
PER	9.12倍
PBR	0.95倍

野原's comment

新しい技術を活用したインフラ管理は将来性があることから、長期保有で成長を期待できるでしょう

配当性向・
DOE　　会社利益からどれだけを配当金に回したかを示す指標が配当性向。DOEは資本に対しての利益配分の率

安定成長が期待できる銘柄

⑤日立製作所（6501）

　世界でも有数の大手総合電機メーカーです。製品の開発・設計・製造・サービスと幅広く手がけています。1910年の創業以来、鉄道車両、化学プラント、産業機械、家電製品など、幅広い分野で製品の製造などに携わっています。現在は企業としての総合路線を見直し、デジタルの力でエネルギー、交通、通信など社会インフラを重視した事業にシフト。また、世界40カ国以上に拠点をつくり、さまざまな事業を拡大させているのです。

　私たちの生活を支えてくれる生活家電は根強い人気があり、一度は日立の製品を見たり、使ったりしたことがあるのではないでしょうか。**直近２年間の業績を見てみると、売上高と営業利益はともに２期連続の増収となっており、安定した経営になっています。ここ10年の株価動向を見ても上昇傾向が続いており、過去最高値の水準を記録しています。**老舗ながら成長し続けている企業なのです。

⑥野村総合研究所（4307）

　大手情報サービス企業です。1988年、民間の総合シンクタンクである旧野村総合研究所と、日本初の商用コンピュータのビジネス利用を実現させたシステム開発会社の野村コンピュータシステムが合併し、今の形態に。現在は、証券会社をはじめとした金融機関向けの大手システムインテグレーターで、独自のシステムを開発。複数の顧客にサービスを提供する共同利用型サービスに強みがあり、業界インフラの筆頭となっています。そのほか、経営コンサルティング部門もあり、幅広いサービス提供をしている企業です。

　2022年７月にみずほ証券、2023年１月に岡三証券が、野村総合研究所の証券会社向けのシステム「STAR」を採用し、これらの大型案件が好業績に寄与しています。**2023年４月に発表した決算では、2024年３月期も業績の伸びを見込み、３期連続で過去最高益を更新する見通しとなっています。**

　また、同時に増配も決定し、株価も上昇傾向です。

連結経常利益　　グループ全体で得た経常的な利益のこと。いわゆる営業外収益も含まれる

日立製作所（6501）の概要

上場市場 東証プライム市場　　**業種** 電気機器

企業概要 世界でも有数の電機メーカー。総合路線見直し、インフラ系重視へ

過去5年間の株価の推移

［月足　2018年5月〜2023年5月］

現在値	8503円
配当利回り	1.71%
PER	15.94倍
PBR	1.61倍

野原's comment

社会インフラ事業が路線に乗り、安定して成長し続けています。長期保有で大きな成長が見込める銘柄です

野村総合研究所（4307）の概要

上場市場 東証プライム市場　　**業種** 情報・通信業

企業概要 証券会社など金融機関向けの大手システムインテグレーション

過去5年間の株価の推移

［月足　2018年12月〜2023年5月］

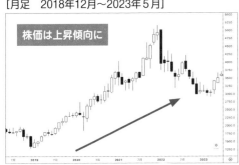

現在値	3623円
配当利回り	1.24%
PER	27.48倍
PBR	5.37倍

野原's comment

企業向けの事業なので馴染みはないかもしれませんが、大型案件受注などにより業績を伸ばしています

東証プライム市場　東京証券取引所に上場されている多くの投資家に投資対象になりうる企業が所属する

NISAで保有したい外国株式6選

大きな成長が見込めるが株価の動きが大きい銘柄

　株式の個別銘柄を選ぶという視点でいえば国内株式と大きな違いはありませんが、特にコロナ禍を経てこれからの日本でも消費者が多くなること、サービスが注目されている米国株式を中心に選定しています。

①アルファベットC（GOOG）

　米国の大手インターネット関連企業です。インターネットを利用している人ならば誰もが一度は使ったことのあるであろう、検索サイト「グーグル」を運営しており、世界でもその名を馳せています。そのほか、スマートフォンの「アンドロイド」の製造・販売、ブラウザ「クローム」などを展開。

　2023年5月には検索サイトのグーグルに新しい機能としてAIツールを搭載することが発表され、株価も上昇。手堅い銘柄ですし、まだまだ回復が見込めます。数年単位など長く保有するには適している銘柄です。

②タペストリー（TPR）

　高級ブランド「コーチ」を世に生み出した老舗ファッションブランドです。2017年に「コーチ」から「タペストリー」社名に変更し、今では「スチュアートワイツマン」「ケイト・スペードニューヨーク」の3つのブランドを展開しています。ここ1年間で見ると株価は上昇傾向にありますが、10年単位で見ると、5年前と同じくらいの水準で、やや割安になっています。**日本でもコーチなどの製品の人気が高く、出かける機会が多くなるこれから、ますます需要が高まると期待できる銘柄といえます。**

ティッカー
シンボル　欧米で使われる銘柄を識別するためにつけられるコード。日本の銘柄コードと違い、英字で表現される

アルファベットC（GOOG）の概要※

上場市場	ナスダック市場	業種	IT関連

企業概要 検索サイト「グーグル」、ブラウザ「クローム」の運営など

過去5年間の株価の推移

[月足　2018年5月〜2023年5月]

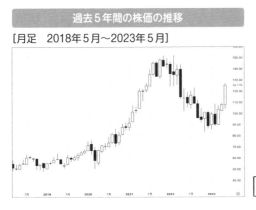

現在値	1万7565円
配当利回り	0％
PER	27.51倍
PBR	6.27倍

伊藤's comment

最新のAI技術を取り入れたサービスに注目しています。年々業績を伸ばしていて、まだ伸びしろはあります

※アルファベットCは議決権のない株式

タペストリー（TPR）の概要

上場市場	ニューヨーク証券取引所	業種	アパレル

企業概要 ハンドバッグ、レザー製品などの製造・販売

過去1年間の株価の推移

[週足　2022年5月〜2023年5月]

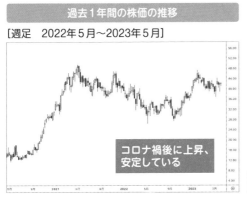

コロナ禍後に上昇、安定している

現在値	5841円
配当利回り	2.3％
PER	13.15倍
PBR	2.4倍

伊藤's comment

外出の機会が多くなるとアパレルやブランド品の需要が高まる傾向にあります。買うなら割安の今がよいです

※83〜87ページの株価は、5月末時点の為替レート（1ドル＝139円）で換算しています

世界展開で着実に成長する大手企業

②エアビーアンドビー（ABNB）

　民泊仲介サイトを運営している米国の大手企業で、本社所在地はカリフォルニア州サンフランシスコ。空き部屋や使っていない家を貸したい人と借りたい人をつなぐサービスを、**日本を含む世界約190カ国で展開しています**。「誰かのお家に泊まる」ことで、一般的なホテルよりも安価であることが特徴のひとつです。掲載されている個室の８割以上は100ドル以下で宿泊可能で、平均は67ドルとなっています。また、ホストなど新しい人との出会いがあり、唯一無二のサービスとなっているのです。

　この１年間で株価は横ばいですが、上場当初よりも株価が低くなっているため、買いのチャンスはありそう。コロナ禍が落ち着き、海外渡航が解禁された今、着実に利用者が増えていることから、同社は**2023年のサービス利用者を３億人以上と見込んでいます**。今後の成長は大いに期待してもよい銘柄でしょう。

③アップル（AAPL）

　米国の大手IT機器企業です。自社OSを搭載したiPhoneやMac、iPad、アップルウォッチやそれらの付属品などを設計・製造し、世界各国で販売。また、定額制のデジタルコンテンツや音楽の配信、ゲームなどの提供も行っています。既存事業にて世界で圧倒的な知名度を誇っていることに加え、**2023年４月にはゴールドマン・サックス・グループと提携し、高利回りの預貯金口座を開始しました**。同社のクレジットカード「アップルカード」の利用者を対象としており、自社サービスの「ウォレット」との利便性を高め、顧客獲得していくという狙いがあるのでしょう。

　アルファベットと同様に、手堅い銘柄です。コロナショック後から大きく上昇。現在は高水準を保ち、2023年に入ってからは上昇トレンドを継続させています。直近２年間の決算は、２期連続での増収、該当２期の平均増収率は＋19.85％となっています。

ニューヨーク
証券取引所　　ニューヨークにある世界最大の証券取引所。「NYSE」ともいわれる

エアビーアンドビー(ABNB)の概要

上場市場	ナスダック市場	業種	旅行業

企業概要 民泊サイト運営会社。世界中でのシェアがある

過去2年半の株価の推移

[月足 2020年12月〜2023年5月]

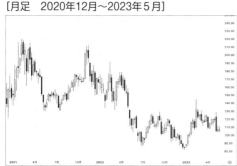

現在値	1万4965円
配当利回り	―
PER	38.28倍
PBR	12.31倍

伊藤's Comment

コロナ禍を経て海外旅行が解禁された今、割安になっているときが狙い目。ますます成長が期待されます

アップル(AAPL)の概要

上場市場	ナスダック市場	業種	IT関連

企業概要 スマホやPCを中心とするデイバスの製造・販売

過去5年間の株価の推移

[月足 2018年5月〜2023年5月]

現在値	2万4563円
配当利回り	0.51%
PER	28.71倍
PBR	54.99倍

野原's Comment

ゴールドマン・サックス・グループと提携して始めた高金利の金融業に今後の大きな期待がかかっています

ナスダック市場 全米証券協会が運営する電子株式取引所。ハイテク企業やIT関連企業が多く上場している。「NASDAC」ともいわれる

日常やビジネスで欠かせない存在の企業

⑤ブロック（SQ）

　米国の金融サービスとソフトウェアを提供する企業です。主に決済ソフトウェア「スクエア」の開発・販売をしています。米国、日本、カナダなどにおいて、サービス、飲食店、小売などの販売者向けに、ソフトとハードの両面でサービス提供をしています。また、個人向けのモバイル決済サービス「キャッシュアップ」やビットコイン取引など暗号資産ビジネスも展開。2021年12月には、事業内容の変更に伴い、社名をスクエアからブロックに変更しています。株価は2020年から2021年にかけて大きく上昇し、一時は289.23ドルを記録しました。しかし、2021年の終わりころから徐々に下降トレンドに転じ、2023年現在は低水準で横ばいになっています。まだ安定して黒字企業に転換できていないものの、**今後ますます拡大してくであろうキャッシュレス決済関連として期待ができる銘柄**です。割安銘柄として買い、長く保有しておくにはよい銘柄でしょう。

⑥スノーフレイク（SNOW）

　米国のソフトウェア企業です。メンテナンス費用がほぼ不要なデータクラウドの開発を行い、2020年9月に上場しました。バラバラに孤立したデータを一元管理し、誰にでも共有・アクセスして意思決定を行えるデータ分析の基盤を実現しています。**つまり、これまで以上に大量のデータ処理ができるクラウドを開発、かかるコストも安くなるのであれば、それを利用しようとする企業が増えることになります。**

　2023年5月に発表した決算では売上高は予想を上回ったものの、1株あたりの損益が予想を下回る赤字だったことから、低い水準で推移しています。しかし、世界的に有名な投資家のウォーレン・バフェットが保有している銘柄としても有名な銘柄でもあります。様子を見つつ、割安で拾っていき、長期保有銘柄として検討してみるとよいでしょう。

　クラウド　　インターネットなどのネットワークを経由し、利用者にサービスを提供する形態を指す

ブロック(SQ)の概要

| 上場市場 | ニューヨーク証券取引所 | 業種 | 金融・IT関連 |

企業概要 決済サービスのソフト・ハードウエアの製造・販売

過去5年間の株価の推移
［月足　2018年5月〜2023年5月］

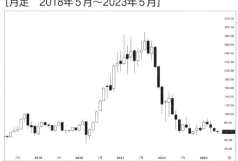

現在値	8262円
配当利回り	—
PER	—
PBR	2.06倍

> どんどん普及しているキャッシュレス決済には欠かせない企業です。今後の成長が期待できます

スノーフレイク(SNOW)の概要

| 上場市場 | ニューヨーク証券取引所 | 業種 | IT関連 |

企業概要 データクラウドの開発・製造・販売

過去5年間の株価の推移
［週足　2020年9月〜2023年5月］

現在値	2万1010円
配当利回り	—
PER	—
PBR	8.91倍

> 1株あたりの損益は赤字ですが、売上高が予想を上回ったことを受けて長期保有で成長を期待してもよいです

ウォーレン・バフェット　株式市場で財をなした投資家であり経営者。企業の成長性を見た長期投資で卓越した成績を残し、オマハの賢人と呼ばれている

着実に積み立てられる

NISAで保有したい 投資信託6選

分散投資でリスクが抑えられた銘柄

　新NISAのつみたて投資枠の対象商品は、一部を除いて（58ページ参照）現行NISAのつたみたてNISAと同じと金融庁サイトにて公表されています。ただし、確定ではないため、ここから変更される可能性も。購入時はよく注意しましょう。また、投資信託は金融機関によって買える商品が大きく変わります。このあたりにも気をつけながら、商品選定の参考にしてください。

①Tracers MSCIオール・カントリー・インデックス（全世界株式）

　日興アセットマネジメントの運用する投資信託で、2023年4月26日よりSBI証券にて販売が開始されました。日本を含む全世界の株式に投資していて、連動する指標は「MSCIオール・カントリー・ワールド・インデックス」。為替ヘッジはなく、購入時手数料はかかりません。**最大のメリットは、信託報酬が0.05775%ということ。**新NISAの施行を見据えて新設された投資信託であろうと予想されますが、よい銘柄です。

②eMAXIS Slim 米国株式（S&P500）

　三菱UFJ国際投信の運用する投資信託です。米国株に投資していて、連動する指標は「S&P500指数」。**米国株に分散投資したい人にはよいインデックスファンドとなっています。**為替ヘッジはなく、購入時手数料はかかりません。信託報酬は0.05775%と0.1%を切っていることから、かなり低く設定されています。つみたてNISAなら月100円から投資することができるうえ、手数料がかなり低いため、長期保有に向いています。

※88〜97ページの情報はすべて2023年5月末時点のデータであり、数値などは変動している可能性があります。
　投資の際は、企業状況などを再度調べてください。信託報酬は税込みです

Tracers MSCIオール・カントリー・インデックスの概要

販売会社 SBI証券　　　　　**運用会社** 日興アセットマネジメント

商品概要 2023年4月より販売されているインデックスファンド

過去1カ月間の基準価格の推移

[2023年4月～5月]

出所：ヤフーファイナンス

現在値	1万704円
純資産	4億4600万円
運用利回り	―
信託報酬	0.05775%

世界47カ国、2888にも及ぶ株式の個別銘柄が対象となっており、分散投資しつつ成長も見込める銘柄です

伊藤's comment

eMAXIS Slim 米国株式(S&P500)の概要

販売会社 楽天証券、SBI証券など　　　**運用会社** 三菱UFJ国際投信

商品概要 米国株式に投資しているインデックスファンド

過去5年間の基準価格の推移

[2018年5月～2023年5月]

出所：ヤフーファイナンス

現在値	2万1023円
純資産	2兆1271億8800万円
運用利回り(1年)	11.82%
信託報酬	0.09372%

米国株式に分散投資したいなら、信託報酬の安いeMAXISシリーズが初心者にはおすすめです

伊藤's comment

また、紹介している銘柄は現行NISAで購入できる銘柄から選択し、新NISAにおいても問題ない予測の元で紹介しています。実際に購入できることを保証したものではありません

低コストが評判のたわらノーロード

③たわらノーロード 先進国株式

　アセットマネジメントOneの運用する投資信託です。先進国とは、主に経済的に大きく発展している国のことですが、この銘柄の場合は、**米国を中心に英国やカナダなど幅広い国々の株式に投資しています。**日本を除いた先進22カ国の株式を対象にした指標「MSCIコクサイ・インデックス」への連動を目指すインデックスファンドです。為替ヘッジはなく、購入時手数料はかかりません。信託報酬は0.09889%と、0.1%を切っているためコストがかなり低く、長期保有に向いています。

　組入銘柄を業種別に見ると、ソフトウェアや医薬品などの業種への投資比率が高いのが特徴です。米国株式への投資が70%以上で、特にナスダック市場への投資比率がやや高いことから、ナスダック市場の影響を受けやすい点には気をつけましょう。「米国だけでなく、いろいろな先進国に投資したい」「日本以外の株式へ投資したい」と思うならおすすめの銘柄です。

④たわらノーロード 日経225

　アセットマネジメントOneの運用する投資信託です。国内株式に投資しており、日本の代表的株式指標である「日経平均株価（日経225）」への連動を目指すインデックスファンドです。購入時手数料はかかりません。信託報酬は0.143%と低いことから、長期保有に向いています。

　投資先は100%日本株式であることから、この銘柄ひとつで225社の日本を代表する企業に投資することができます。日本株式に投資したい人にはおすすめです。組み入れ銘柄を見ると、電気機器や小売、情報通信などが多く、株価の高い銘柄（値がさ株）の影響を受けやすくなっています。日経平均株価と連動するように運用されている投資信託としては国内最大級かつ低コストの商品ですが、ベンチマーク（参考指標）とする日経平均株価が「配当込み」となっていないために、実体よりも好パフォーマンスに見えてしまう点はご容赦ください。

為替ヘッジ　　　一定の為替レートで円と外貨を交換する契約を結び、為替変動の影響を軽減すること

たわらノーロード 先進国株式の概要

販売会社	楽天証券、SBI証券など	運用会社	アセットマネジメントOne

商品概要 先進国の株式に投資しているインデックスファンド

過去5年間の基準価格の推移
[2018年5月〜2023年5月]

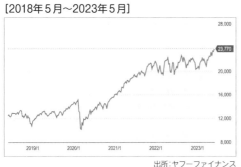

出所：ヤフーファイナンス

現在値	1万704円
純資産	3139億3100万円
運用利回り（1年）	11.43%
信託報酬	0.09889%

経済的に大きな発展のある米国や英国などの先進国に投資してしたい人にはよいでしょう

伊藤's comment

たわらノーロード 日経225の概要

販売会社	楽天証券、SBI証券など	運用会社	アセットマネジメントOne

商品概要 国内株式に投資しているインデックスファンド

過去5年間の基準価格の推移
[2018年5月〜2023年5月]

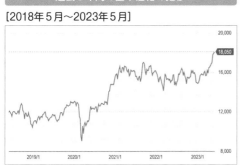

出所：ヤフーファイナンス

現在値	1万8050円
純資産	893億4000円
運用利回り（1年）	15.56%
信託報酬	0.143%

日経平均株価への連動しているため、値動きがわかりやすいです。国内株式に投資したいならおすすめ

野原's comment

指標 企業の株価を比較したり、評価を行う際に用いる尺度のこと。株価収益率や、株価純資産倍率などが挙げられる

長期保有で成長が期待できる銘柄

⑤〈購入・換金手数料なし〉ニッセイNASDAQ100インデックスファンド

　ニッセイアセットマネジメントの運用する投資信託です。ナスダック（NASDAQ）とは、全米証券業協会が運営している株式市場の名称で、米国の代表的な株式市場のひとつ。アップル（AAPL）やマイクロソフト（MSFT）、アマゾン・ドット・コム（AMZN）といった、ハイテク企業やIT関連企業など、新興企業が多く上場し、新興企業向けの株式市場のなかでは世界最大規模を誇っています。そんな**ナスダック市場に上場している銘柄のうち、金融関連銘柄を除いた、時価総額の上位100銘柄で構成されているのが「ナスダック100指数」。この指数への連動を目指すインデックスファンド**です。信託報酬は0.2035％で、購入時手数料はかからず、為替ヘッジを行いません。

　ナスダック100指数は、時価総額の100、または100超の銘柄が１年に１回のペースで入れ替わり、常に新しい時代の成長企業が反映されており、成長期待の高い企業に投資したい人にはおすすめの銘柄です。

⑥SBI・V・全米株式インデックス・ファンド

　SBIアセットマネジメントの運用する投資信託です。米国の大型株（時価総額や流動性の高い銘柄のこと）だけでなく、小型株（時価総額や流動性の低い銘柄のこと）までをカバーする「CRSP USトータル・マーケット・インデックス」に連動する、インデックスファンドとなっています。この指数は、**米国市場に上場している銘柄のほぼ100％となる約4000銘柄を網羅しており、米国株式全体に投資したい人におすすめです。**信託報酬は0.0638％、購入時手数料はかからず、為替ヘッジを行いません。

　小型株は時価総額や流動性の低い株ですが、その分伸びしろが多くあり、中・長期的な目線でいえば大きく成長する可能性があるので、中小型株の成長性をとりこみつつ、分散効果も高めることが期待できます。長期で保有することに向いている銘柄です。

　　ノーロード　　　販売手数料がかからない投資信託

ニッセイNASDAQ100インデックスファンドの概要

販売会社	楽天証券、SBI証券など	運用会社	ニッセイアセットマネジメント

商品概要 米国ナスダック市場に投資しているインデックスファンド

過去2カ月間の基準価格の推移
[2023年4月～5月]

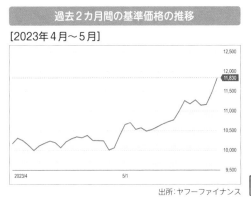

出所:ヤフーファイナンス

現在値	1万1830円
純資産	21億4100万円
運用利回り(1年)	17.94%
信託報酬	0.2035%

野原's comment

ナスダック市場のなかでも時価総額の多い企業に投資していることから、安定した成長が見込まれます

SBI・V・全米株式インデックス・ファンドの概要

販売会社	楽天証券、SBI証券など	運用会社	SBIアセットマネジメント

商品概要 米国株式に投資しているインデックスファンド

過去2年間の基準価格の推移
[2021年7月～2023年5月]

出所:ヤフーファイナンス

現在値	1万2145円
純資産	1537億3700万円
運用利回り(1年)	10.38%
信託報酬	0.0938%

野原's comment

米国の大型株も小型株も網羅しているため、米国株式全体に投資したい人によい商品です

高配当または分散投資しているものを選ぼう

NISAで保有したい ETF2選

流動性が高く配当も高い銘柄を狙おう

　ETFは流動性や配当のよいものがおすすめです。配当は資産を保有しているだけでそれに応じた割合（配当利回り）の分配金をもらえます。NISAでは分配金にかかる税金も非課税となるためお得です。

①NEXT FUNDS 日経平均高配当株50指数連動型上場投信 (1489)

　野村アセットマネジメントの運用するETFです。日本経済新聞社が東証プライム市場に上場する約2000銘柄のうち、流動性の高い225銘柄を選定し、その平均株価を表した「日経平均株価」。さらにそのうち、配当利回りの高い50社を選定した「日経平均高配当株50指数」への連動を目指すETFです。信託報酬は0.308%となっています。**高配当の銘柄はNISAでの運用に向き、非課税で配当をもらいながらこつこつ運用するのにおすすめな銘柄です。**コロナショック後から上昇傾向にあり、今後も成長が期待できます。

②iシェアーズ MSCI ジャパン高配当利回り ETF (1478)

　米国のブラックロックが運用するETFです。世界的に有名なMSCI社が算出・公表する「MSCI ジャパン高配当利回り指数（配当込み）」への連動を目指しています。日本株を対象とした時価増額加重平均型の指数のひとつで、配当利回りの高い銘柄で構成されています。配当利回りのほかにも配当の継続性や負債、自己資本比率など、企業の財務体質により銘柄を選定していることから、堅実な値動きが期待できます。

NF・日経高配当50 ETF(1489)の概要

上場市場	東証ETF	運用会社	野村アセットマネジメント

商品概要 日本株式に投資している高配当ETF

過去5年間の基準価格の推移

[2018年5月〜2023年5月]

出所:ヤフーファイナンス

現在値	4万7590円
純資産	864億1000万円
分配金利回り(1年)	4.66%
信託報酬	0.308%

伊藤's comment

高配当の銘柄です。NISAを利用してお得に分配金を受け取りながら、長期で運用していきましょう

iシェアーズ MSCI ジャパン高配当利回り ETFの概要

上場市場	東証ETF	運用会社	ブラックロック

商品概要 高配当かつ良好な財務内容の国内大型・中型株に投資するETF

過去5年間の基準価格の推移

[2018年5月〜2023年5月]

出所:ヤフーファイナンス

現在値	2725円
純資産	507億3400万円
配当利回り(1年)	2.39%
信託報酬	0.209%

野原's comment

かなり配当が高いうえに、堅実な企業を投資対象としているため、着実な資産形成を期待できます

長期保有を見据えて手数料の低いものを

NISAで保有したい REIT2選

投資先不動産の種類をよく見ましょう

　72ページで解説したように、REITは投資先の施設の種類によって景気動向に強い・弱いがありますが、REITの魅力でもある高配当が投資には有利です。

①グローバル・ワン不動産投資法人（8958）

　グローバル・アライアンス・リアルティの運用するREITです。近鉄グループや明治安田生命、三菱UFJフィナンシャル・グループなど大手企業をスポンサーとする、オフィス特化型の銘柄となっています。投資先は駅近で築浅という人気の高い大型オフィスビルに絞っており、手堅い銘柄といえるでしょう。**分配金利回りは5.64%と高い水準を誇り、ここ3年間で見ると、1口あたりの分配金は2000円台をキープしています。**分配金をとりつつ、投資するとよいでしょう。

②NEXT FUNDS 東証REIT指数連動型上場投信（1343）

　野村アセットマネジメントの運用するREITです。東証REIT指数は、東証市場に上場している不動産投資信託全銘柄を対象とした、浮動株を中心とした時価総額で計算された指数。基準日である2003年3月31日の時価総額を1000ポイントとして計算されます。浮動株とは、市場に流通していて売買される可能性の高い株式のこと。**発行株数のうち、浮動株が多く流動性が高い銘柄は、価格が安定しやすくなっています。**分配金利回りは3.66%と高く、信託報酬は0.1705%と低いです。

グローバル・ワン不動産投資法人(8958)の概要

| 上場市場 | 東証REIT市場 | 運用会社 | グローバル・ワン不動産投資法人 |

商品概要 駅近・新築の人気物件に投資しているREIT

過去5年間の基準価格の推移

[2018年5月〜2023年5月]

出所：ヤフーファイナンス

現在値	10万6300円
時価総額	1087億2600万円
分配金利回り(1年)	5.64%
信託報酬	―%

伊藤's comment

高配当の銘柄です。NISAを利用してお得に分配金を受け取りながら、長期で運用していきましょう

NF 東証REIT指数連動型上場投信(1343)の概要

| 上場市場 | 東証ETF | 運用会社 | 野村アセットマネジメント |

商品概要 浮動株を中心に投資しているREIT

過去5年間の基準価格の推移

[2018年5月〜2023年5月]

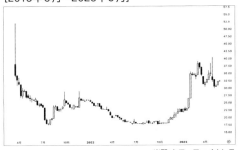

出所：ヤフーファイナンス

現在値	2005円
時価総額	4720億3303万円
分配金利回り(1年)	3.66%
信託報酬	0.1705%

野原's comment

流動性の高い浮動株中心に投資しているのがポイント。高い配当と低い信託報酬で長期保有に向いています

銘柄について正しく認識できる情報を見る

銘柄情報って
何を見ればいいの？

適時開示はマストでチェック！

　実際に投資をしようと思った際の銘柄探しですが、本やインターネット、動画など、さまざまな媒体において投資情報は溢れています。特に慣れていない人は「できるだけたくさんの情報を見ないと！」と焦るかもしれませんが、できるだけ情報源を絞って調べたほうがよいでしょう。

　最初はさまざまな情報のなかから**「この人の考え方はいいな」「こういう投資方法がいいな」と思ったものを1～2個ピックアップし、それに特化するように情報を見ていきます。**ただし気をつけたいのは、他人におすすめされたものではなく、「自分でよいと思った」ことが重要なのです。

　ですが、株式と投資信託、それぞれ確認してもらいたい情報源を教えます。**株式の場合、日本取引所グループ（JPX）の「適時開示」は見ておきましょう。**適時開示とは、公正な投資や投資家を保護するために、上場企業に義務づけられた「重要な会社情報の開示」のこと。銘柄の価格を大きく左右するような情報が得られるというわけです。

　投資信託の場合は、販売している各金融機関で公開している「投資信託説明書（交付目論見書）」を確認しましょう。説明書にはその商品の実績や特色、リスクなどが記載されています。

　こうした適時開示や説明書は企業の業績や運用実績からなる情報で、第三者の視点による考え方などが一切入っていません。そのため、誰かの考えに影響されることなく、銘柄の状況を正しく理解できます。

JPXの適時開示の確認方法

開示された時間ごとに表示される

表題をクリックすると内容が見られる

出所：東京証券取引所「適時開示情報閲覧サービス」(https://www.release.tdnet.info/inbs/I_main_00.html)

⇨ **銘柄の株価を左右するような情報をチェック**

投資信託の目論見書（楽天証券の場合）

楽天証券の場合、販売する投資信託の商品ページや購入前の段階で閲覧することができる。ほかにも運用会社のサイトなどにて閲覧可能

目論見書
運用報告書
週次レポート
月次レポート

| 運用方針

「TOPIXマザーファンド」を通じて、主として国内の株式に投資を行い、東証株価指数(TOPIX)(配当込み)と連動する投資成果をめざす。対象インデックスとの連動を維持するため、先物取引等を利用し株式の実質投資比率が100%を超える場合がある。

出所：楽天証券

⇨ **投資信託の特性やリスクなどをチェック**

CHECK!

投資を行う前に、気になる銘柄の情報は必ず調べてから購入しましょう

買ってはいけない銘柄の特徴

個別銘柄と投資信託でポイントを抑えよう

投資してはいけない銘柄は、個別銘柄と投資信託で見るべきポイントが異なります。

個別銘柄の場合、大きく3つのポイントをおさえましょう。

まずは「赤字の企業」です。赤字が単年度のみであれば、「大きな設備投資をした」などが考えられますが、数年続いている企業は、単に経営が悪化してることが多いため、避けたほうがよいでしょう。

2つめに「将来性のない企業」です。借金が多すぎたり、業績が低迷していたりと、今後の成長が期待できない企業です。

3つめは「PERの高すぎる企業」です。PERの計算式は「株価÷1株あたり利益」で、基本的には有望である企業ほど高くなりますが、高すぎてもNG。株価が割高になっている可能性が高いのです。ひとつの指標としてPERが100倍を超えていると高すぎと判断しましょう。

投資信託の場合は、「販売手数料の高い金融機関」です。販売手数料は金融機関によって異なるので、金融機関選びは慎重に行いましょう。特に、販売手数料が3％を超える金融機関は避けたほうがよいです。投資信託は基本的に長く投資してこつこつと利益を得るもの。そのため、できれば販売手数料は0円の金融機関を見つけましょう。そして、避けるべき投資信託は、信託報酬が高いものです。特に1.5％を超える金融商品は避けたほうがよいでしょう。信託報酬は、投資信託を保有している間、毎日かかるものなので、0.1％の差もバカにしてはいけません。

Chapter 4

NISAを使った
売買・運用は
どうする？

はじめて投資するなら、どのように売買していけばよいのかわからないでしょう。本章では、金融商品の買い方から、どのタイミングで売買すればいい？　など、売買の基礎についてを解説していきます。また、それぞれの制度を活用した売買方法についても徹底解説します！

伊藤亮太

インターネットで楽々注文できる！

株式や投資信託ってどうやって売買するの？

「NISA口座」の選択を忘れずに

　投資したい金融商品が決まったら、実際に購入してみましょう。購入方法は金融機関によってそれぞれ異なりますが、主に①窓口で直接手続き、②電話で売買注文を入れる、③インターネット申し込みの３つがあります。38ページで紹介したように、金融機関の形態によって選択できる方法が異なるので、どのようにして購入できるのかを調べておくとよいでしょう。ここでは、インターネットで株式銘柄を買う場合を解説していきます。

①購入したい銘柄を探す

　目当てとなる銘柄のページを探して見ましょう。検索欄に銘柄名や銘柄コード、関連するワードなどを入れると、検索できます。

②注文ページを開く

　各金融機関によって表示は異なりますが、銘柄を買いたいときは「現物買い」を、売りたいときは「現物売り」を押します。

③注文内容を入力し、確定させる（右ページ参照）

　「株数」を入力します。**売買単位は基本100株なので、「現在値×100」が最小投資金額になることに注意しましょう。**また、注文方法は「成行」「指値」「逆指値」などがありますが、はじめは「成行」か「指値」のどちらかを選択しましょう。口座は「NISA」を選択します。すべての注文内容を入力したら、任意の取引パスワードを入力し、取引を確定させれば完了です。

現物買い・
現物売り　　株式や債券などにおける通常の取引のこと。そのときの市場の時価によって計算した売買代金を金融機関に受け渡し、取引が成立する

株式の取引画面

銘柄コード：銘柄コードとは国内に上場している企業に振られる4桁の番号のこと。外国株式ではティッカーシンボルという略称が使われている

銘柄名：表示されている銘柄を売買するため、よく確認が必要

現在値：現在1株あたりどれくらいの値段なのかを表す。国内株式の取引は100株を基本としているため、現在値×100倍の値段が最低取引金額となる

NISA購買余力：NISAで購入できる上限金額が表示される

数量：売買単位は100株としている（外国株式は1株単位）

口座：取引を行う口座を選択する。NISAを選択する。

指値：希望する株価で売買したいときにその金額を指定する

成行：現在の株価で売買する。株価はリアルタイムのため、株価の動きが激しいと注文画面の株価ではない値段で売買してしまうので要注意

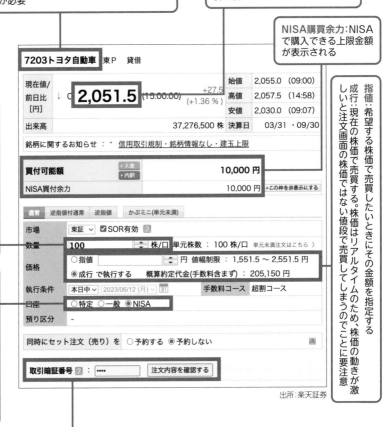

7203トヨタ自動車 東P　貸借

現在値/前日比[円]	↓ ○○ **2,051.5** (15:00:00)	+27.5 (+1.36 %)	始値	2,055.0 (09:00)
			高値	2,057.5 (14:58)
			安値	2,030.0 (09:07)
出来高		37,276,500 株	決算日	03/31・09/30

銘柄に関するお知らせ：＊ 信用取引規制・銘柄情報なし・建玉上限

| 買付可能額 | +入金 +内訳 | 10,000 円 |
| NISA買付余力 | | 10,000 円 ▲この枠を非表示にする |

通常 | 逆指値付通常 | 逆指値 | かぶミニ(単元未満)

市場	東証 ∨ ☑SOR有効 ②
数量	**100** ＋ 株/口　単元株数：100 株/口　単元未満注文はこちら ＞
価格	○指値 　　　　　　＋ 円 値幅制限：1,551.5 ～ 2,551.5 円
	◉成行 で執行する　概算約定代金(手数料含まず)：205,150 円
執行条件	本日中∨ 2023/06/12 (月) ∨ 🗓　　手数料コース 超割コース
口座	○特定 ○一般 ◉NISA
預り区分	-

同時にセット注文（売り）を ○予約する ◉予約しない ②

取引暗証番号 ② ： ●●●●　　注文内容を確認する

出所：楽天証券

取引暗証番号：金融機関によって暗証番号を入力する

注文内容を確認する：暗証番号の入力後、ボタンを押し、注文内容に不備がないことを確認する

注文：内容に不備がなければボタンを押して確定させる

注意 外国株式の株価はその国の通貨で表示。外国株式での注文画面は、あらかじめ買い付け可能額への振替が必要。NISA買付余力以外に、日本円の買付可能額とその国の通貨での買付可能額が表示される

積み立てて買うが基本

　投資信託の買い方は、「積み立て」と「スポット購入」の2つがあります。積み立ては毎月決まった金額分を買っていく方法で、スポット購入は好きなタイミングで購入する方法です。投資信託の主な買い方は、投資資金を大きくしながらさらに運用によって資金形成をしてく積み立てが基本となるため、ここでは楽天証券を使って積み立てで買う方法を紹介していきます。

①購入したい銘柄を探す

　目当てとなる銘柄を探してみましょう。検索欄に商品名や愛称などを入れます。投資信託の名称は、販売会社、投資対象、ベンチマークといった銘柄の特徴が組み合わさっており、長いものが多いです。そのため、愛称がつけられていることもあります。また、楽天証券の「投信スーパーサーチ」を利用すると、条件を絞って銘柄を検索することができて便利です。

②積み立て方法を設定する

　銘柄のページを開いたら、希望する購入方法のボタンを押し（ここでは「積立注文」）、引き落とし方法と積立金額を設定します。設定した積み立て額が年間投資枠の上限に達しない場合は、増額を設定するページが表示されますが、希望しない場合は「設定しない」で問題ありません。

　続いて分配金コースを選びます。分配金がある投資信託のなかでも「受け取り」と「再投資」を選択できる場合があり、「受け取り」はそのまま分配金を受け取ることができます。「再投資」は自動で分配金が再投資され、投資資金が大きくなるしくみです。また、楽天証券ではこの後に楽天ポイントを使用の選択ができ、使用するを選択すると、積立注文にポイントが利用されます（残った積立金額が現金での買いつけとなります）。

③交付目論見書を確認し、確定させる

　積み立て方法を設定したら、交付目論見書を確認します。**選んだ銘柄の特性やリスクについて確認しておきましょう。**交付目論見書を読んだら、注文内容の確認と暗証番号の入力を行い、「注文する」ボタンを押して完了です。

　　　分配金　　　運用による利益の一部を投資家に分配するお金のこと。利益の一部または全額が投資家に分配される

投資信託の取引画面

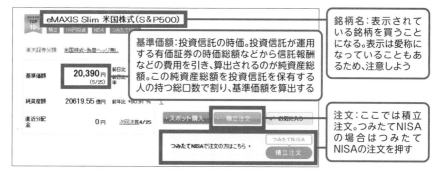

銘柄名：表示されている銘柄を買うことになる。表示は愛称になっていることもあるため、注意しよう

基準価額：投資信託の時価。投資信託が運用する有価証券の時価総額などから信託報酬などの費用を引き、算出されるのが純資産総額。この純資産総額を投資信託を保有する人の持つ総口数で割り、基準価額を算出する

注文：ここでは積立注文。つみたてNISAの場合はつみたてNISAの注文を押す

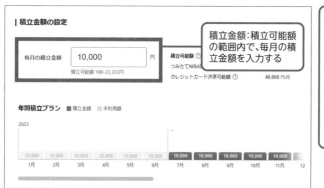

積立金額：積立可能額の範囲内で、毎月の積立金額を入力する

引き落とし方法：楽天では楽天キャッシュ（電子マネー）証券口座（楽天銀行マネーブリッジ）、楽天カードクレジット決済、そのほか金融機関からの引き落としが選べる

積立指定日：毎月引き落とし日を任意の日づけに設定できる

目論見書の確認：ボタンを押すと目論見書を閲覧でき、閲覧すると暗証番号の入力画面が表示される。入力し、注文ボタンを押すと完了

出所：すべて楽天証券

―――― CHECK! ――――

一般的に株式も投資信託も入金しないと買えません。買う前に必ず証券口座に入金しておきましょう

| 交付目論見書 | 投資信託の重要事項が記載された書類のこと。投資信託を購入する前に必ず投資家に渡されるもので、何を購入してるかの情報や投資におけるリスクなどが記載されている |

20年後に利益を出したいなら積み立てで買う

銘柄を安く買える タイミングはいつ？

欲をかかずにこつこつ買うのが結果的によい

　銘柄を買う多くの人の目的は、利益を出して資産形成をするためでしょう。利益を出すには、「買ったときの価格より高く売る」が基本なのですが、できるだけ安く買おうと欲をかいて価格が下がるのを待っていても、買うタイミングを逆に掴めず、うまくいかないことも多いのです。しかし、**20年、30年と長い目で見たときに利益を生み出せていればよい投資ならば、タイミングを気にせず淡々と購入していくほうがうまくいくこともあります**。金融商品の買い方は、大きく分けて「一括購入」と「積み立て」がありますが、積み立てでこつこつと買っていくほうがよいでしょう。

　具体的には**「毎月〇日に１万円分買う」などとルールを設定し、そのルールに沿って機械的に購入していくのです**。毎月一定額の金融商品を買う方法を「ドルコスト平均法」といいます。株式であれば、その時々で株価は異なるため、株価が高いときはあまり多くの株を買うことはできませんが、株価が下がったときに多くの株を買うことができます。こうすると、１株あたりの単価を下げることができ、結果的により安く、多くの株を買うことができるのです。「株式累積投資」を利用すれば、楽に株式を積み立て方式で買うこともできます。また、毎月同じ株数を買っていく「定量購入法」もありますが、単価を下げられるドルコスト平均法のほうがおすすめです。

　そのほか、コロナ禍などの予期せぬ有事により大きく価格が下げたとき、割安になっている銘柄があるなら、予算を足して買う方法もよいでしょう。

※株式累積投資（るいとう）は、主に店舗型の証券会社で扱っている。ネット型では、似た考えで単元未満株取引という制度があるが、配当金の再投資はされない

ドルコスト平均法と定量購入法の違い

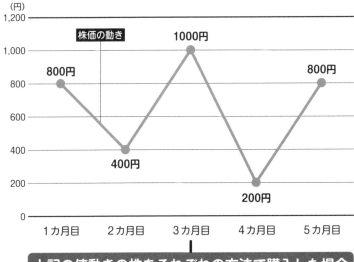

(円)

株価の動き

800円 400円 1000円 200円 800円

1カ月目　2カ月目　3カ月目　4カ月目　5カ月目

上記の値動きの株をそれぞれの方法で購入した場合

投資額が一定		1カ月目	2カ月目	3カ月目	4カ月目	5カ月目	合計	1株あたりの値段
ドルコスト平均法	株数	12.5株	25株	10株	50株	12.5株	110株	約455円
	投資額	1万円	1万円	1万円	1万円	1万円	5万円	
定量購入法	株数	20株	20株	20株	20株	20株	100株	640円
	投資額	1万6000円	8000円	2万円	4000円	1万6000円	6万4000円	

購入する株数が一定

ドルコスト平均法のほうがより安く、多くの株を買える！

ドルコスト平均法のひとつ「株式累積投資」は毎月一定額で株式を買えます。また、投資信託も少額で積み立てて買えるので、おすすめです※

伊藤

── CHECK! ──

毎月一定額を買うドルコスト平均法で、安く、多くの株を保有できれば、その分の利益も期待できます

できるだけ大きな利益を出したいけれど……

金融商品を高く売れるタイミングはいつ？

「目標金額」か「使う時期」を決めて売るのがよい

「買ったときの価格＜売るときの値段」の言葉とおり、「できるだけ高く売りたい」で売るタイミングを見計らっても、逆に価格が下がってうまく売れることはまずありません。専門家のように銘柄をよく調べ、売るべき価格の目安を決めていないため、判断がつかないからです。また、これは短期で売買する考え方です。短期的な金額の予想ならまだしも、長期的な予想はどんな専門家でもできません。長期投資で資産形成する本書の読者は、次の２つを基準にするのがよいでしょう。

①目標金額に達したら売る

　いつかは保有する金融商品を売却して現金化するタイミングがきますから、自分のなかの指標を持っておくことも大事です。その指標として**あらかじめ決めた目標金額に達したらよしとして、売却しましょう。**

②資金を使い始める年齢（60歳になる手前）

　これは退職後、年金生活があと数年に迫った段階における判断です。基本的には①で考えたいですが、投資期間が短い、運用のパフォーマンスが悪いといった理由から、目標金額を達成できなさそうな場合に考えてみてください。**資金を使い始めたい年齢に迫った60歳手前で、無理に目標金額を達成しようするための、ハイリターンを狙うような投資は危険です。目標金額に届いていなかったとしても、ある程度の利益が出ていたら売るのがベターです。**

金融商品を売却するタイミング

▶ **売るタイミング①：目標金額に達したら**

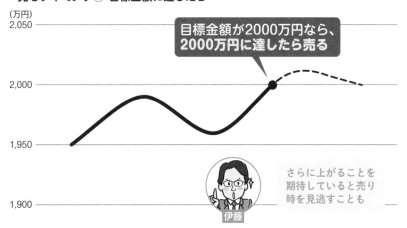

目標金額が2000万円なら、
2000万円に達したら売る

さらに上がることを
期待していると売り
時を見逃すことも

▶ **売るタイミング②：60歳手前で、ある程度の利益が出ていたら**

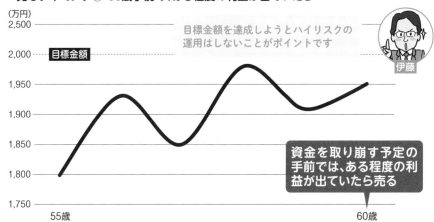

目標金額を達成しようとハイリスクの
運用はしないことがポイントです

資金を取り崩す予定の
手前では、ある程度の利
益が出ていたら売る

CHECK!

決めたルールのなかで売却しましょう。「もっと利益を大き
くしたい！」という欲を抑えるメンタルも大事です

資産を守りながら安全度の高い投資をしよう

ポートフォリオで リスクを把握する

ひとつの金融商品に集中させないことが大事

　資産形成をするうえで重要なのが「ポートフォリオ」です。ポートフォリオとは、株式や投資信託など複数の金融商品の組み合わせのことで、投資資金をまとめているお財布のようなものとイメージするとよいでしょう。そして、**ポートフォリオを作る意味は、リスク管理ができること**にあります。

　リスク管理の話を表した、「卵はひとつのかごに盛るな」という相場格言があります。卵をひとつのかごに盛ると、かごを落としたときにすべて割れてしまいますが、複数のかごに盛っておけば、ひとつのかごを落としてしまったとしても、ほかのかごに盛られた卵は安全です。助かった卵はやがてヒヨコになり、鶏に育つ可能性があるという意味が込められています。

　そして、複数の金融商品をわかりやすく一覧できるようにしたのがポートフォリオなのです。**投資におけるリスク管理とは、「分散投資」をすること。**例えば、株式だけに集中して買っていくような投資は、株価が暴落したときに資産全体が大きく傾いてしまう恐れがあることから、リスクを上げることにつながります。

　そこで、複数の金融商品に分散投資していくのです。そうすれば、株式が暴落したとしても、そのほかの金融商品がプラスならば、資産全体の傾きを小さくできたり、マイナスにならずに済んだりする可能性が高くなります。

　まずは1点に集中した投資にしないことを目指して、ポートフォリオを組んでみましょう。

分散投資をしておけば資産が守られる

株式

投資信託

REIT

さまざまな金融商品に分散投資する

どれかが値下がりしても、ほかの金融資産が値上がりしていれば資産の傾きを小さくできる

保有している資産が一覧でわかるポートフォリオ

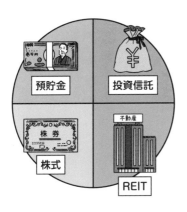

● 保有している資産全体を100%として考える（投資資金で考える場合、預貯金は含めない）

● リスクなどを考えてポートフォリオを組む

CHECK!

ポートフォリオの設定は必ず行い、保有する金融商品を常に管理できるようにしておきましょう

金融商品ごとのリスクを見て組み替えてみよう

バランスのいい
ポートフォリオって?

リスクの大きさによって組み方が変わる

　「ポートフォリオをバランスよく組み合わせたい」と考えている人もいるかもしれませんが、リスクの許容度により組み方が変わるので、"バランスのよいポートフォリオ"は人それぞれ。そこで頭に入れておきたいのが、金融商品ごとのリスク度についてです。ここでは金融商品ごとのリスクについて紹介します。どれくらいリスクを許容すればよいか」の考え方は160ページで解説します。

　右のグラフを見てください。リスクとリターンは比例していて、リスクが低いほどリターンは小さく、リスクが高いほどリターンも大きくなります。ローリスク、ハイリターンの金融商品はありません。**一般的な金融商品のなかでハイリスクハイリターンなのは株式、ローリスクローリターンなのは預貯金といわれています。また、投資信託の中だけでも国内型は比較的リスクが低く、海外型はリスクが高い傾向にあります。**

　上記を踏まえてポートフォリオを組む際、全体の投資資金の何%を割合を占めているのかで考えます。例えば全体の投資資金が100万円で、国内株式に50万円、国外株式に25万円、REITに25万円投資しているとします。この場合のポートフォリオの内訳は、国内株式50%、国外株式25%、REIT25%となります。**リスクを抑えたいなら、ハイリスクの株式は30%以内に抑えておくとよいでしょう。逆にハイリターンを狙いたいなら、株式の比率を多くしていってもよいでしょう。**

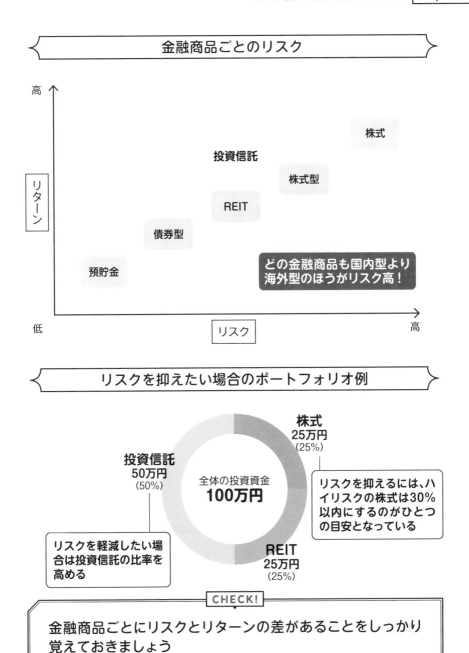

金融商品ごとのリスク

リターン 高 ↑

株式

投資信託

株式型

REIT

債券型

預貯金

**どの金融商品も国内型より
海外型のほうがリスク高！**

低 → 高
リスク

リスクを抑えたい場合のポートフォリオ例

株式
25万円
(25%)

投資信託
50万円
(50%)

全体の投資資金
100万円

リスクを抑えるには、ハイリスクの株式は30%以内にするのがひとつの目安となっている

リスクを軽減したい場合は投資信託の比率を高める

REIT
25万円
(25%)

CHECK!

金融商品ごとにリスクとリターンの差があることをしっかり覚えておきましょう

より効率的な資産運用を実現する！

ポートフォリオを健全な状態にするリバランス

月1回はポートフォリオをチェック

　一度ポートフォリオを組んだらよし。……とは残念ながらなりません。時折「リバランス」する必要があります。**購入した金融商品は運用されて大きくなったり、小さくなったりするため、時間が経つとその比率も変わっていきます。その崩れてしまった比率を元の状態に戻すのがリバランスです。**

　例えば、金融商品Aと金融商品Bを50万円ずつ買ったとします。この場合、保有資産全体は100万円となるため、比率はどちらも50%です。金融商品Aの価格が25万円値上がりして75万円になり、金融商品Bの価格が変わらないとすると、比率は金融商品Aが60%、金融商品Bが40%になります。ここで**金融商品Aの値上がり分の半分（12万5000円）を売却し、金融商品Bを買うと、どちらも62万5000円で比率は元の50%ずつになります。**これがリバランスです。その後、金融商品Aが50万円まで値下がりしたとしても、全体の保有資産としてはプラスとなるのです。

　また、**金融商品Aが値上がりしたのと同じ金額を、金融商品Bに投資して比率を元に戻す方法もあります。**ただし、保有資産を大きくできる一方で、毎月の積み立て分とは別に投資資金が必要です。ボーナス月など余裕のある場合は、買い増ししてもよいでしょう。

　いずれの方法も、値上がりまたは値下がりした金融商品を、本当に売却または購入してもよいか、景気や情勢なども加味しながら考え、ひとつの目安として月に1回はポートフォリオをチェックしておくとよいでしょう。

リバランスの方法

①金融商品A・Bでそれぞれ50%のポートフォリオを組む

金融商品B
50万円
(50%)

保有資産
100万円

金融商品A
50万円
(50%)

②金融商品Aが値上がりして比率が崩れる

金融商品B
50万円
(40%)

保有資産
125万円

金融商品A
75万円
(60%)

③金融商品Aを一部売却、金融商品Bを買い増すなどして比率を戻す（リバランス）

金融商品B
62万5000円
(50%)

保有資産
125万円

金融商品A
62万5000円
(50%)

④金融商品Aが元の値段まで下がっても、保有資産自体は12.5万円増えている

金融商品B
62万5000円
(約55%)

保有資産
112.5万円

金融商品A
50万円
(約45%)

はじめにポートフォリオを組んだときよりも保有資産が大きくなっている

伊藤

リバランスは資産を大きくできるチャンスが広がるため、積極的に行うとよいでしょう

CHECK!

リバランスはできるだけ心掛けましょう。月1回程度は比率チェックだけでもするとよいです

年120万円の上限をどう使う？

つみたて投資枠で
売買する方法

年３％〜５％の利回りでこつこつ買っていくとよい

「金融商品を一度買ったら、資産形成ができる」というのは間違いです。ポートフォリオのバランス以外にも、ドルコスト平均法のように状況によって売買を繰り返しながら資産形成していく方法もあります。積極的に売買を行えば、資産形成のチャンスを多く掴むことができるかもしれません。

　現行NISAのつみたてNISAや、新NISAのつみたて投資枠で投資を検討している場合、購入する金融商品は投資信託が基本です。**年間投資上限額は、つみたてNISAが年40万円、つみたて投資枠が年120万円ですから、それぞれ月３万3000円、月10万円の範囲内で定期的に買っていくとよいでしょう。**買うタイミングを見逃さぬように、投資のタイミングは「月に１回」「１週間に１回」など、設定しておくとよいです。また、投資信託を売る場合、保有しているすべての投資信託を売る必要はありません。ある程度の利益が出ていたら、一部を売ったり、半分を売ったりして、現金化して持っておくこのもよいでしょう。ほかにも、売却益は別の金融商品に投資する方法もあります。

　投資年数にもよりますが、**インデックスファンドの一般的な利回りは年３％〜５％程度。定期的にこつこつ買っていき、それくらいの利回りが保てているのであればすぐに売る必要はありません。**ただ、新興国の比率が多い商品やアクティブファンドでは、一時的に10数％というかなり高い成果が得られることも。ただし、リスクも高いのでよく吟味しましょう。

つみたてNISA・つみたて投資枠での買い方

年間投資上限枠	毎月投資できる金額
つみたてNISA：40万円	つみたてNISA：3万3000円
つみたて投資枠：120万円	つみたて投資枠：10万円

年間投資上限額を超えない範囲で定期的に買いましょう

投資額は無理のない範囲で大丈夫。
こつこつ買っていくことが重要です

利回り別の利益

月3万円を運用した場合、利回り分の利益は下記のようになる

利回り	利回り分の利益		
	1年目	5年目	20年目
3％	5000円	13.9万円	264.9万円
4％	7000円	18.9万円	380.3万円
5％	8000円	24万円	513.1万円

投資年数が長いほど
有利になります

平均的な利回りであっても、長く投資すれば大きな利益になる

※シミュレーションは複利、四捨五入で計算

CHECK!

投資を始めてから数年の利益は小さいですが、長く積み立てていけば大きな利益を生むことができます

年240万円の上限をどう使う？

成長投資枠で
投資する方法

ルールに沿って定期的に買っていくとよい

　現行NISAの一般NISAや、新NISAの成長投資枠で投資を検討している場合、配当や優待を考慮して、株式投資の個別銘柄の購入を中心に考えている人も多いのではないでしょうか。投資信託よりも個別銘柄のほうが種類は断然多いですし、値動きも大きいものが多いです。それだけに有望株といわれる銘柄に手を出しがちではある一方、多くの種類があるために迷って選べないこともあります。そのため、投資信託と同じように、**自分で定めたルールのなかで定期的に買っていくことがおすすめです**。株式累積投資を利用すれば楽に積み立てることもできます。このとき、自分でよいと思った銘柄を買い続けることもよいですし、割安になっている銘柄を探して毎回別のものを買っていく手法でもよいでしょう。成長性や配当、優待など「自分でよいと思った銘柄を定期的に買い続ける」ことが重要となります。

　売却時も、投資信託と同じようにすべての保有銘柄を売る必要はないですし、買ったときと同じ株数を売らなければならないルールもありません。国内株式の個別銘柄を売買する際、100株が基本の単位、1単元とされていますが、それを下回らなければ分割して売ってもよいのです。

　例えば、保有銘柄が2倍になった場合、半分を売っておけば残り半分はただで得たも同然です。そうなれば心の余裕も出てくるでしょうから、残りはそのまま保有して、そのほかの銘柄に切り替えてみたりと、いろいろ試してみてもよいでしょう。

　　単元　　株式取引で用いられる売買単位のこと。100株で1単元とされている。株主優待などは単元ごとに計算される

株式累積投資のしくみ

▶ **通常の株式を買う場合**

最小単元数の100株単位買う必要があり、まとまった資金が必要となる

1株1000円の株式	×	100株	=	10万円

ある程度のまとまった資金が必要

▶ **株式累積投資で買う場合**

毎月の積み立てる金額を設定し、自動的に買える分の株を買っていくため、少額から株式を買える

月1万円の積み立て	×	10カ月	=	100株

少額からOK　**定期的にかつ自動的に買いつけ**　**積み立て額が最低投資金額に達すれば、1単元の株を保有できる**

例えば野村證券の株式積立（株式累積投資）では、1銘柄につき1万円以上、1000円単位で指定した銘柄を自動的に買いつけるサービスとなっています

伊藤

CHECK!

**株式に投資するだけのまとまった資金がなくても大丈夫。
株式累積投資なら少額から積み立てることもできます**

両制度の特性を活かした投資方法に

つみたて&成長投資枠で投資する方法

投資信託を中心に、個別銘柄は比率を抑えて

現行NISAでは一般NISAとつみたてNISAを併用することはできませんが、新NISAでは成長投資枠とつみたて投資枠の併用が可能となり、年間で投資できる上限額は360万円です。普段の収支を考え、1年間で360万円を投資に回せるなら、枠をフル活用して投資を行っても問題はありません。

しかし、これから投資を始めようと考えている人で、最初から「360万円を使い切ろう」と無理する必要はありません。生涯非課税限度額（26ページ）もありますし、**最初はつみたて投資枠から投資信託を中心に投資をしていきましょう。そして少し余裕ができたのであれば、配当だけでなく、優待が得られる有望な個別銘柄を買うというのもよいでしょう。**

個別銘柄は、自分でよいものを見つけられればそれでよいですが、配当や株主優待のある銘柄を中心に買うことをおすすめします。82ページでも解説しましたが、配当とは、企業の決算後に、株主に対して分配される現金配当こと。保有する株数に応じて金額が決まります。会社の記念の年など、特別な配当がある場合もありますが、決算の結果などで配当は必ずしも行われるものではありません。株主優待とは、企業から株主に対するプレゼントのようなもの。保有している株数や期間に応じて、飲食店で使えるお食事券やクオカードなどの金券など、現金以外のものがもらえることが多いです。

投資する金額が少なければリターンも小さくなりますが、配当や株主優待など、ある種の特典つき銘柄を買っておけば、お得感も得られます。

つみたて投資枠と成長投資枠を併用する例

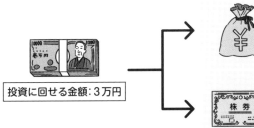

つみたて投資枠
投資信託：2万円
投資信託の比率を多くして、着実に資金を増やす

成長投資枠
株式など：1万円
今後の成長性だけでなく、配当・優待など気になる銘柄

投資に回せる金額：3万円

株式投資をすると"特典"がもらえることもある

＼ 保有しているだけでお金がもらえる！ ／

特典① 配当：企業から株主へ分配されるお金のこと
（例）1株1000円、配当利回り4％の株式を100株保有
　　　 1000円×4％×100株＝**4000円**

＼ 保有しているだけで食事券がもらえる！ ／

特典② 株主優待：企業から株主へ送られる贈呈品などのこと
（例）マクドナルドを運営している日本マクドナルドHD（2702）の株を100株以上保有していると、マクドナルドで使える「優待食事券」がもらえる

⇨ つみたて投資枠では投資信託で堅実に利益を出しつつ、成長投資枠では少額の株式投資で少しでも利益を高める銘柄に投資をする

CHECK!

個別銘柄への投資は無理のない範囲に。また、配当や株主優待のような特典つきの株式だとお得感があります

NISA

コラム4

生涯投資枠を復活させて有効的に投資を行おう

売却などで生涯投資枠が復活

　新NISAでは、保有銘柄を売却することによって、売却した分の生涯投資枠が翌年に復活します。これは現行NISAではできなかった新しいルールです。

　例えば、成長投資枠とつみたて投資枠を併用して上限まで投資した場合、5年後には生涯投資枠上限の1800万円に到達し、6年目以降は投資ができなくなってしまいます。そこで、保有銘柄を売却すると、その分が来年の投資枠として復活するというものです。

　具体的には売却した翌年に枠が復活するため、投資額が1800万円に達した年にある程度売却をしておけば、翌年からも新たな投資が可能となります。

　5年間で上限の1800万円を投資していなくとも、利益の出ているものを優先的に売却し、新たに投資す

ることをおすすめします。なぜならば、売却分は非課税で利益がとれ、お得になるからです。

　ただし、仮に1800万円を投資していたとしても、再投資における1年間の投資上限額360万円を考慮して、売却したほうがよいでしょう。仮に500万円分売却したとしても、翌年に再投資できるのは360万円まで。残りの140万円分はまたその翌年の復活となります。となると、1年間は140万円分の枠が宙に浮いてしまうため、平常時であれば売却は360万円までに抑えましょう。

　また、「銘柄は保有しておきたいけれど、新たに投資したい」ときには、課税口座への払い出しを行いましょう。移管した後は非課税ではなくなってしまいますが、銘柄はそのまま保有することができ、NISA枠で新たな投資も可能になります。

iDeCoで老後の資金を盤石にする

資産形成のために活用できる制度はNISAだけではありません。「iDeCo」という私的な年金制度もあります。NISAと同じように投資による利益が非課税になるほか、税制優遇が受けられる制度で、NISAとの併用も可能です。どう活用すれば、よりお得に投資ができるのでしょうか。

野原 亮

税制優遇できる年金制度

そもそもiDeCoってどんな制度?

自分で資金運用をする年金制度

　資産形成をするうえで活用できるのはNISAだけではなく、「iDeCo（イデコ・個人型確定拠出年金）」という制度もあります。**iDeCoとは、「税制優遇を活用できる、自分でつくる年金制度」のこと。**バブル崩壊後、雇用の流動化やフリーランスという働き方が急増しましたが、自営業者には国民年金の上乗せである厚生年金や企業年金制度があまりありませんでした。そうした年金を補うための私的年金制度として、iDeCoが誕生しました。

　具体的には、毎月5000円以上の掛金を拠出して自分で資産運用をしていきます。この掛金と運用益の合計を給付金として60歳以降に受け取るしくみです。NISAと同じく、**運用益が非課税になるほか、掛金や受給金額が所得控除になるなどの税制優遇を受けられます。**

　基本的に、20歳〜65歳未満で国民年金の被保険者であればiDeCoに加入できます。iDeCo加入者は、国民年金の第1号被保険者〜第3号被保険者、任意加入被保険者に区分され、拠出限度額（掛金の上限額）は、それぞれの区分によって定められています（125ページ参照）。どの区分であっても、月5000円を掛金の最低金額とし、上限の範囲内を1000円単位で自由に金額を決めることができます。また、1年単位で拠出金額を設定することができ、年1回以上まとめて拠出する年単位拠出も可能です。なお、2024年12月以降は、年単位の拠出は、1号被保険者・3号被保険者、企業年金のない会社に勤めている人を除き、利用できなくなります。

企業型DC　企業年金制度のひとつである、企業型確定拠出年金のこと。企業が掛金を拠出し、従業員自らが運用を行う年金制度

iDeCoの加入対象者の区分と掛金の上限額

加入区分		拠出限度額
第1号被保険者 （自営業者など）		月6万8000万円
任意加入被保険者 （国民年金に任意加入している方）		月6万8000円
第2号被保険者 （会社員・公務員など）	会社に企業年金がない会社員	月2万3000円
	企業型DC[1]のみに加入している会社員	月2万円[3]
	DB[2]と企業型DCに加入している会社員	月1万2000円[3]
	DBのみに加入している会社員	月1万2000円[3]
	公務員	月1万2000円[3]
第3号被保険者 （専業主婦・夫）		月2万3000円

出所：国民年金基金連合会「iDeCo公式サイト」より編集部作成

※1　企業型確定拠出年金のこと
※2　確定給付企業年金（DB）、存続厚生年金基金、石炭鉱業年金基金のこと
※3　2024年12月より「月5万5000円－企業年金等の掛金相当額」（上限2万円）

iDeCoを用いて資産運用することで、年金を上乗せできます。資産運用をするなら、NISAと合わせてiDeCoも検討してみましょう！

野原

CHECK!

加入申出書に必要事項を記入して、金融機関に提出しましょう。オンラインで手続きを行える金融機関もあります

※138ページの各金融機関で加入申込書の取り寄せ、もしくはオンラインで手続きが行える

DB　　企業年金制度のひとつである、確定給付年金のこと。企業と従業員の合意のもと、従業員が将来受け取る給付金額を設定し、それに必要な掛金を企業が拠出するしくみ

一括、分割または両方で受給方法の選択が可能

3つの給付金と受け取り方

老齢給付金は受け取り方を選べる

iDeCoの給付金は、「老齢給付金」「障害給付金」「死亡一時金」の3つがあります。受給漏れがないよう、しっかり内容を把握しておきましょう。

①老齢給付金

老齢給付金とは、60歳以降にもらえる一般的な年金のことです。**受給方法は3つあり、いずれかを選択できます。**ひとつめはまとめて受け取る方法。原則60歳〜75歳までの間に一時金として一括で受け取ります。2つめは、分割して受け取る方法。5年以上20年以下の有期年金として取り扱い、支給回数は年1回〜複数回など選択できます。3つめは、一括と分割を組み合わせて受け取る方法（併給）。60歳になったときに一定額をまとめて受け取り、残りの給付金を分割で受け取ります。一括で受給する金額と分割で受給する金額の割合や分割の回数は、金融機関の提示するなかから選択します。

②障害給付金

障害給付金とは、加入者もしくは加入者であった人が75歳になる前に傷病などで高度障害状態となった場合に、受け取れる年金のことです。

②死亡一時金

死亡一時金とは、加入者が亡くなった場合、遺族に対して支払われる年金のことです。届け出をすれば事前に受取人を指定することもできますが、指定しない場合は、法令にもとづいた順位で受取人となります。

任意加入被保険者 60歳までに老齢基礎年金の受給資格を満たせない人。もしくは加入期間が480カ月を満たせず、満額の年金が受給できない人

老齢給付金の3つの受け取り方

▶ 一括で受け取る

原則60歳〜75歳の間に一時金として一括で受け取れる

60歳 ◀━━━━━━━━━━━━━━━━━━━▶ 75歳

▶ 分割で受け取る

60歳 ━━━━━●━━━━━●━━━━━●━━━━━●━━━▶

5年〜20年間の有期年金として、年1回〜複数回など任意のペースで受け取れる

▶ 一括&分割で受け取る

60歳 ━━━━━●━━━━━●━━━━━●━━━▶

60歳で一定額を一時金として受け取り、残りを有期年金として分割で受け取れる

┤ CHECK! ├

75歳になるまでに受給申請をしなかった場合、自動的に一括での受け取りとなります。申請のし忘れに注意しましょう

高度障害状態 「国民年金法施行令別表」により定められた障害等級1級または2級に該当する状態のこと。「両眼の視力をまったく永久に失った状態」など、著しい障害状態が規定されている

それぞれにメリット・デメリットがある！

NISAとiDeCoって何が違うの？

いつでも現金化できるNISA、60歳から引き出せるiDeCo

NISAとiDeCoはどちらもお得に資産形成できる制度ですが、「どう違うのか？」と問われると、はっきりと区別できていない部分もあるのではないでしょうか。ここでは、両者の異なる点を整理してみましょう。

ひとつめは換金性です。**iDeCoは基本的に60歳まで資金を引き出すことができない一方、NISAは好きなときに現金化できる換金性があります。**

また、換金性には「市場での取引のしやすさ」という意味も込められており、その点にも違いがあります。金融商品によって変わりますが、リアルタイムでの売買が可能なNISAに比べ、iDeCoは注文自体にタイムラグが発生してしまいます。タイムラグがあると、「買いたい、売りたい」と思ったときの値段から大きく動いてしまうこともあるので、デメリットといえます。

２つめは税金に対する優遇措置です。**NISAは投資の利益に対する税金が非課税になりますが、iDeCoは①掛金が全額所得控除になる、②利息・運用益が非課税になる、③受け取り時の税制優遇があります**（130ページ参照）。優遇措置という点では、iDeCoのほうがメリットが多いのです。

３つめは投資方法です。**NISAは普通の投資と変わりないため、任意のタイミングで投資することができますが、iDeCoは最低月5000円（＋負担する手数料）を掛金として毎月支払う必要があります。**

NISAかiDeCo、両者の異なる点やメリット・デメリットを洗い出し、自分に合った最適な制度選びをしましょう。

控除　　金額などを差し引くという意味。主に税金の計算でよく使われる言葉で、例えば「所得控除」だと、課税対象の所得から一定の金額を差し引くという意味になる

NISAとiDeCoの比較

▶ 制度概要の比較

	NISA	iDeCo
換金性	・いつでも換金可能 ・リアルタイムで売買可能	・60歳まで原則換金不可能 ・注文から売買するまでにタイムラグが発生する
税制優遇	運用益が非課税になる	・掛金が全額所得控除される ・運用益が非課税になる ・受給する際、一定額が退職所得控除または公的年金等控除が適用される
投資方法	任意のタイミングで投資可能 (通常の投資と同様)	(一般的に)毎月積み立て
対象商品	株式、投資信託、ETFなど	投資信託、定期預金、保険
最低運用金額	金融機関による(100円〜など)	月5000円＋手数料
年間の投資上限額	・現行NISA:つみたて40万円、一般120万円 ・新NISA:つみたて投資枠120万円、成長投資枠240万円	14万4000円〜81万6000円 (加入者の区分によって異なる)
運用可能期間	・現行NISA:5年〜20年 ・新NISA:無期限	65歳まで

▶ それぞれのメリット・デメリット

NISA
メリット
●運用益が非課税になる
●いつでも換金できる
●金融商品が多様

デメリット
●損したときに税制優遇を受けられない

iDeCo
メリット
●3つの税制優遇がある
●給付金の受給方法が選べる

デメリット
●原則60歳まで換金できない
●運用に手数料がかかる

CHECK!

換金性や運用の自由度はNISAのほうがメリットが多く、税制優遇についてはiDeCoのほうがメリットが多いです

どちらの恩恵も最大限に受けよう

NISAとiDeCoは併用できる!

どちらの制度も利用できる

「NISAとiDeCo、どちらの制度を利用しようかな」と考えている人も多いのではないかと思いますが、**NISAとiDeCoの併用は可能です**。NISAは「一般的な投資において税制優遇される」少額投資非課税制度であり、iDeCoは節税できる老後資金専用の私的年金となっています。両方の恩恵を受けつつ、最大限に運用を活用してもよいのです。

ですが、NISAとiDeCoを併用するにあたり、投資資金についてはよく考えておかなければいけません。好きなタイミングで投資でき、運用益が非課税のNISAに対し、iDeCoは月5000円以上の掛金が必要で、さらに月171円以上の口座管理手数料がかかるものの、3つの税制優遇があります。年換算すると最低でも6万2000円程度必要です。ただし、併用するといっても両方の制度を一度にスタートさせる必要はありません。特に20代〜30代は、収入や預貯金が十分でないことも多く、ライフスタイルに合わせて大きな資金がかかることもあるでしょう。まずは好きなタイミングで投資でき、いつでも換金できるNISAなら、大きな負担もなく始められると思います。

そして、ライフスタイルが落ち着く40代〜50代では、収入上昇も見込める可能性があるでしょう。収入が上昇すると、それに伴って所得税と住民税も上がります。そこでiDeCoの出番です。それまで利用していたNISAに加え、iDeCoも併用することで、投資しつつ節税の恩恵も受けられます。両方のメリットを最大限に活用していきましょう。

NISAとiDeCoを賢く活用するには？

▶ **NISAとiDeCoの特徴をおさらい**

NISAの特徴	**iDeCoの特徴**
・利益が非課税になる ・好きなタイミングで投資できる ・金融機関によっては月100円から積み立てられる	・積立時、運用時、受取時で税制優遇を受けられる ・月5000円以上の掛金と手数料が必要

メリットを活かした併用が重要！

▶ **ライフスタイルに合わせた併用の一例**

ライフスタイル例①

☑ 十分な収入・預貯金がない
☑ 大きな支出が見込まれる
☑ 老後までに時間がある

▶

まずはNISAで積み立てを！
まとまった資金が必要になったら換金できる。少額でも時間を味方につけた長期の積み立て投資がおすすめ

ライフスタイル例②

☑ 働いている
☑ 生活資金に余裕がある
☑ 貯蓄が苦手

▶

NISA＋iDeCoで資金形成
安定した収入があるなら併用すると節税効果大。60歳まで引き出せないため、自動的に資金が貯まる

CHECK!

無理に併用する必要はありませんが、ライフスタイルに合わせて賢く併用すれば、より大きな恩恵を受けられます

３つの税制優遇を受けられる

iDeCoの税制優遇と受け取り方って？

iDeCoの特徴をどう捉えるかが重要

　iDeCoには、**３つ税制優遇措置があります**。ひとつめは掛金が全額控除されること。その結果、課税所得が減り、当年分の所得税と翌年分の住民税が軽減されます。必要な手続きは年末調整または確定申告です。iDeCo公式サイト（右ページ参照）では、「年収」「加入開始年齢」「掛金」を入力すると、税制優遇の金額をシミュレーションすることができるので、一度試してみるとよいでしょう。２つめは利息・運用益が非課税になること。NISAと同様、投資によって得た利益に対する税金が非課税になり、金融商品への所得税約20％がかかりません。３つめは受け取り時にも税制優遇が受けられること。一般的には60歳から老齢給付金を受け取れるわけですが、一時金として受給する場合は「退職所得控除」、分割で受給する場合は「公的年金等控除」が適用され、受取額がその分減りません。

　また、NISAとの最大の違いでもある**「60歳まで引き出せない」ことは、人によってはメリットにもデメリットにもなるでしょう**。例えば、「あるだけお金を使ってしまう」という人にとっては、強制的に資金を貯めておくことが将来的なメリットとなります。しかし、「万一に備えて、現金化できる状態にしておきたい」という人にとって、換金性の低さはデメリットです。iDeCoは「税制優遇を受けられる年金・一時金だからこそ、60歳から引き出せる制度」ということがポイント。税制優遇と換金性はトレードオフの関係になっているのです。

掛金が全額控除の対象になる

30歳 会社員

年収360万円、
月2万円積み立てると

1年あたり3万6000円
の税金がお得になる！

出所:国民年金基金連合会「iDeCo公式サイト」

iDeCo公式サイトのかんたん税制優遇シミュレーション（https://www.
ideco-koushiki.jp/simulation/）で、年収・加入年齢・掛金を入力すると、
どれくらいの税金がお得になるのかシミュレーションできる

給付金別の税制上の取り扱い

	受給方法	税制上の取り扱い
老齢給付金	年金	公的年金等控除が適用される
	一時金	退職所得控除が適用される
障害給付金	年金または一時金	所得税と住民税が非課税になる
死亡給付金	一時金	相続税の課税対象

CHECK!

給付金の受け取り方によって税制上の取り扱いが変わるた
め、受給の前に確認しておきましょう

50代でもiDeCoで資産形成しやすくなった

50代からでも積み立てるのは遅くない？

60歳以降も加入できるようになった

　iDeCoの掛金や運用益は、原則60歳になったら引き出すことが可能で、老後資金や年金の上乗せとしての活用が可能です。このiDeCo制度を老後資金として活用するには、いつまでに加入すればよいのでしょうか。

　iDeCoの加入年齢は60歳未満とされていましたが、2022年5月から「国民年金に加入している人」を条件に、65歳未満に延びました。加えて、海外居住者でも国民年金の被保険者や、会社員のまま海外転勤された第2号被保険者に扶養されている第3号被保険者であれば、同様に65歳未満までiDeCoに加入することができます。

　さらに、**受給開始可能年齢（受取の請求ができる期間）が75歳までに拡大され、50代以上の人もiDeCoに入りやすくなりました。**例えば55歳で加入した場合、積み立て期間は最長10年（65歳）まで、受給可能年齢は63歳〜75歳までとなります。加入年齢や加入期間によって受給開始年齢が変わるため、135ページの下図で確認してみてください。

　積み立て期間の終了後も75歳までは運用可能ですが、掛金の拠出ができないことから運用資金が限られてしまうこと、運用のみでも金融機関によっては口座管理料がかかってしまうことには気をつけましょう。

　また、加入手続きには1カ月〜2カ月かかります。65歳になる前にどうしてもiDeCoに加入して税制優遇や資産形成をしておきたい場合は、65歳になる半年前（64歳6カ月）までの加入がよいでしょう。

加入対象者の拡大

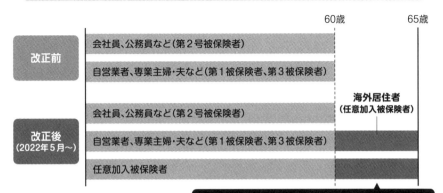

| | | 60歳 | 65歳 |

改正前
会社員、公務員など（第2号被保険者）
自営業者、専業主婦・夫など（第1被保険者、第3被保険者）

改正後（2022年5月〜）
会社員、公務員など（第2号被保険者）
自営業者、専業主婦・夫など（第1被保険者、第3被保険者）
任意加入被保険者

海外居住者（任意加入被保険者）

任意加入被保険者の60歳〜65歳までの人、海外居住者も加入できるようになった

加入年齢に伴う受給開始年齢

加入年齢	加入期間	受給開始年齢
〜50歳未満	10年以上	60歳〜75歳
50歳〜52歳未満	8年以上10年未満	61歳〜75歳
52歳〜54歳未満	6年以上8年未満	62歳〜75歳
54歳〜56歳未満	4年以上6年未満	63歳〜75歳
56歳〜58歳未満	2年以上4年未満	64歳〜75歳
58歳〜60歳未満	1カ月以上2年未満	65歳〜75歳
60歳〜65歳未満	加入後5年経過	65歳〜75歳

50歳　60歳　75歳

CHECK!

50代からでも積み立ては可能ですが、加入年齢に伴って受給年齢も変わる点に注意しましょう

60歳まで引き出せないけれど……

積み立ての途中で
お金が必要になったら？

掛金の減額を検討しよう

iDeCoの掛金や運用益は60歳まで引き出せない、いわば鍵のかかった金庫にあるお金なわけです。積み立て期間の途中で、予期せぬ出費やまとまったお金が必要になった場合、60歳未満でも資金を引き出せるのでしょうか？

127ページでも解説したとおり、高度障害者として認定された場合は障害給付金を受け取ることができます。しかし、それ以外の理由では給付金は受け取れず、原則脱退もできません（137ページ下表参照）。そのため、何らかの事情によりお金が必要となった場合は、**毎月の掛金を減額することが一般的な対応です。掛金は１年に１回変更が可能で、最低月5000円から1000円単位で設定できます。**無理のない範囲に抑えましょう。

また、月5000円の拠出も厳しい場合、「運用指図者」になる方法もあります。運用指図者とは、掛金の拠出を行わず、積立金の運用のみを指図する人のこと。毎月の掛金を払わずに運用ができるようになるのです。ただし、加入者資格喪失届の手続きの手間がかかりますし、運用指図者である期間は税金の優遇制度が受けられない、口座の管理費用は継続してかかる、といったデメリットも生じます。まずは掛金の減額を検討し、運用指図者になるのは最後の策と考えておくとよいでしょう。

なお、iDeCoは原則脱退できませんが、「加入期間が５年以下であること」など、一定の条件を満たしていれば脱退できるケースもあるため、確認しておきましょう（右表参照）。

加入者資格喪失届 喪失年月日を証明する書類と加入者の資格を喪失した理由をあわせて、金融機関に提出する。書類は金融機関への申請またはサイトからダウンロードできる

運用指図者になると運用のみを行う

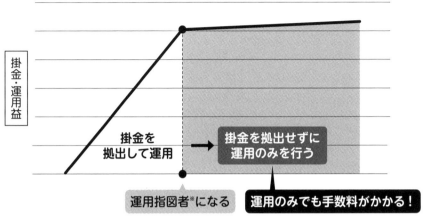

掛金・運用益

掛金を
拠出して運用　→　掛金を拠出せずに
運用のみを行う

運用指図者※になる　　運用のみでも手数料がかかる！

※手続きを行い、加入者に戻ることも可能

iDeCoを脱退できる条件

iDeCoは原則脱退できないが、以下すべての条件に当てはまる場合は脱退できる

①60歳未満であること
②企業型確定拠出年金（企業型DC）加入者ではないこと
③iDeCoの加入条件を満たしてない人でないこと（国民年金保険料免除者や外国籍の海外居住者など）
④日本国籍の海外居住者（20歳以上60歳未満）でないこと
⑤高度障害者（障害給付金の受給権者）ではないこと
⑥iDeCoの通算拠出期間が5年以下、または個人別管理資産の額が25万円以下であること
⑦最後に企業型DCまたはiDeCoの加入者の資格を喪失した日から2年以内であること

CHECK!

掛金を減額して無理のない範囲で拠出を続けることを前提にして、運用指図者となるのは最終手段としましょう

手数料で比較してみよう

iDeCoにおける金融機関の選び方

口座の管理手数料と投資信託の信託報酬がカギ

iDeCoを利用する金融機関を選ぶ際、手数料を十分に比較しましょう。iDeCoは**毎月の維持費がかかります。具体的には、月5000円以上の掛金と口座管理手数料です。**口座管理手数料は金融機関により異なりますが、多くは171円〜数百円程度。月171円だとしても、1年間で考えると年2052円です。10年積み立てるとしたら2万520円、20年では4万1040円、30年では6万1560円にもなります。毎月の負担額は小さくても、これらの手数料は基本的には、毎月の拠出（積立）額から差し引かれますので、その手数料分は積立額が減ることになり、長い目線で考えると侮れません。

また、**信託報酬が高い金融商品が含まれている投資信託をそろえている金融機関は避けたほうがよいでしょう。**信託報酬の年率は投資信託の種類によって異なりますが、一般的には年0.1〜2％程度。特にインデックスファンドはアクティブファンドよりも低く、例えば国内株式型だと、0.5％を下回っている金融商品のほうが多いのです。そのなかで信託報酬が0.5％を上回っているものばかりをそろえる金融機関は、初心者には向かないかもしれません。

コストのほかには、**取り扱い商品数に差があります。**例えば、松井証券が取り扱っている商品数は40本と、金融機関のなかでもトップを誇っています。選択肢が多いところを基準に選んでみるのもよいかもしれません。

かかるコストや商品数といった視点から選んでみましょう。

主な金融機関の手数料と取り扱い銘柄数

金融機関	加入時の手数料	口座管理手数料（月額）		他社へ変更時の手数料	給付金受け取り時の手数料	取り扱い銘柄数
		積み立てを行う場合	積み立てを行わない場合			
楽天証券	2829円	171円	66円	4400円	440円	32本
SBI証券	2829円	171円	66円	4400円	440円	38本
マネックス証券	2829円	171円	66円	4400円	440円	27本
auカブコム証券	2829円	171円	66円	4400円	440円	27本
大和証券	2829円	171円	66円	4400円	440円	22本
野村證券	2829円	171円	66円	―	440円	32本
松井証券	2829円	171円	66円	4400円	440円	40本
イオン銀行	2829円	171円	66円	―	440円	24本
三井住友銀行（みらいプロジェクト）	2829円	171円	66円	―	440円	24本
三井住友銀行（標準コース）	2829円	431円	326円	―	440円	29本
三菱UFJ銀行（ライトコース）	2829円	431円	326円	―	440円	10本
三菱UFJ銀行（標準コース）	2829円	556円	423円	―	440円	33本
みずほ銀行（資産50万円未満）	2829円	171円	66円	―	440円	31本
みずほ銀行（資産50万円以上）	2829円	431円以内	326円	―	440円	31本
りそな銀行	2829円	171円	66円	―	440円	29本
JAバンク	2829円	431円	326円	―	440円	22本

出所：各金融機関ホームページより編集部作成

※2023年5月末時点の情報

CHECK!

iDeCoの口座管理手数料は投資している限りかかるもの。できるだけ安い金融機関を選ぼう

リスクとリターンで変わるタイプ

iDeCoの金融商品は 元本確保型と元本変動型

投資の割合は元本確保型が４割、元本変動型が６割

　iDeCoで買える金融商品には、大きく分けて「元本確保型」と「元本変動型」の２種類があります。**元本確保型とは、あらかじめ決められた金利で運用され、満期時に元本と利息が確保される可能性の高く、元本割れリスクがほとんどない金融商品です。**定期預金や保険商品などが該当します。安全性が高い一方で、資産を増やしづらいことがデメリットです。**元本変動型とは、基本的な投資信託のことで、運用リスクもあります。**

　NISAでは長期保有や分散投資に向いた投資信託が中心ですが、iDeCoではそれに加えて定期預金や保険商品などの金融商品も並んでいます。これはiDeCoでの運用目的が「老後資金」であることから、老後間近は資産を守る選択ができるよう、ローリスクな元本確保型の金融商品もあるのです。

　運営管理機関連絡協議会が出している「確定拠出年金統計資料（2022年３月末）」によると、2022年３月末時点での運用商品選択状況は、預貯金が27.4%、保険が10.3%、投資信託などが61.1%となっています。現状では「将来のための資産形成」を考える人が多く、運用益に対して非課税というメリットを活かしたい、といった理由で多少はリスクのある元本変動型のほうがやや人気なようです。

　ただし、どちらも組み合わせて運用することも可能ですので、「安全性は高いほうがよいが、資産も大きくしたい」と考える人は、比率を考えながら元本確保型と元本変動型を組み合わせてみてもよいのではないでしょうか。

元本確保型と元本変動型の違い

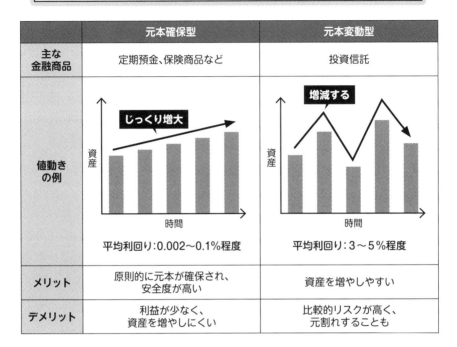

	元本確保型	元本変動型
主な金融商品	定期預金、保険商品など	投資信託
値動きの例	じっくり増大 平均利回り:0.002～0.1%程度	増減する 平均利回り:3～5%程度
メリット	原則的に元本が確保され、安全度が高い	資産を増やしやすい
デメリット	利益が少なく、資産を増やしにくい	比較的リスクが高く、元割れすることも

iDeCo加入者が運用している金融商品の割合

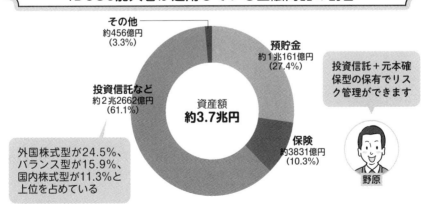

その他
約456億円
(3.3%)

投資信託など
約2兆2662億円
(61.1%)

預貯金
約1兆161億円
(27.4%)

資産額
約3.7兆円

保険
約3831億円
(10.3%)

投資信託＋元本確保型の保有でリスク管理ができます

野原

外国株式型が24.5%、バランス型が15.9%、国内株式型が11.3%と上位を占めている

出所:運営管理機関連絡協議会「確定拠出年金統計資料(2022年3月末)」より編集部作成

※1 2022年3月末時点の情報
※2 投資信託などのうち、REIT、自社株、コモディティはその他に分類

元本確保型でも元本割れのリスクがある

　元本確保型は元本が割れない安全性の高い金融商品だと説明しましたが、必ずしも元本割れしないわけではありません。次のどちらかのパターンによって、元本確保型でも元本割れする可能性があります。

①元本確保型の運用益や利息が低く、手数料を下回るとき

　iDeCoは毎月171円（〜数百円）の口座管理手数料などがかかります（139ページ参照）。定期預金など、超低金利である元本確保型の商品だけでは、この手数料分を上回る運用益を出すことは難しいでしょう。そこで、元本割れのリスクを低くする対策もあります。それは、掛金を払う回数を減らして手数料を抑えるということです。毎月かかる口座管理手数料のうち、105円は掛金を拠出した月のみに払うものです。掛金を月払いではなく、年払いにすることによって年1155円の節約ができます。年払いにするためには、運用を行う金融機関に「加入者月別掛金額登録・変更届」を提出しましょう。会社員などで企業年金制度を利用している場合、年払いにできないケースもあるため、気をつけましょう。ただし、**超低金利なうえに元本割れのリスクがあることから、元本確保型は基本的におすすめしません。**iDeCoの受給開始年齢に近づいて現金化を考え始める時期や、最初から元本確保型のみの運用を行うことを前提としている場合に活用してみるとよいのではないでしょうか。

②スイッチング（預け替え）を行ったとき

　スイッチングとは、保有している金融資産の全部あるいは一部を売却し、その売却代金で異なる金融資産を買うこと。

　例えば定期預金からほかの金融資産にスイッチングする場合、満期を迎える前に解約を行うと、当初適用されていた利率より低い「中途解約利率」が適用されることがあります。基本的には想定されてはいないものの、場合によっては元本を下回ることも。また、保険商品であれば、途中解約時の金利情勢によって「解約控除金」が差し引かれ、元本を下回ることがあります。

年払いで支払う

▶ 拠出を年払いにする

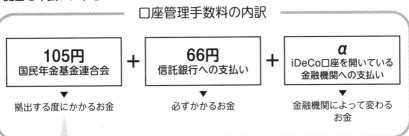

口座管理手数料の内訳

105円 国民年金基金連合会	+	66円 信託銀行への支払い	+	α iDeCo口座を開いている 金融機関への支払い
▼ 拠出する度にかかるお金		▼ 必ずかかるお金		▼ 金融機関によって変わる お金

1年間に支払うお金の例
月払いの場合：105円×12カ月＝**1260円**
年払いの場合：**105円**

➡年払いにすれば年1155円お得になる！

▶ **リスクを低減する方法**

● 金融商品はなるべく長期で保有する（スイッチングを頻繁にしない）
● 手数料の安い金融機関を選択する
● 信託報酬の低い投資信託を購入する

手数料を安くしたいための年1回の積み立てだと、積み立てによる分散効果を活かしにくいので注意しましょう

野原

CHECK!

元本確保型だけに多く偏るのはNG。余計な出費が発生しないよう金融商品を選びましょう

全世界をカバーしている銘柄が望ましい

iDeCoでのおすすめ
金融商品は外国株式型

世界中の企業へ究極の分散投資ができる

iDeCoのおすすめ金融商品は、外国株式型です。投資対象を海外の企業中心としているもので、基本的には「全世界株式」が望ましいでしょう。「全世界中の投資可能な市場、または世界的に有名な企業をカバーしており、いわば究極の分散投資になるからです。

　株式投資は、特定の一企業にお金を預ける投資です。たとえ世界的な大企業に投資していたとしても、「その企業が倒産したら投資資金がなくなってしまうかも！」と不安を抱える人もいると思います。ですが、世界中の企業が一斉に倒産する可能性はまずないですし、一般的な投資信託の価値がいきなりゼロになることは、しくみ上ありません。そのため、株式より全世界株型の投資信託のほうが安全度は高いといえるわけです。

　そもそもiDeCoの売買注文にはタイムラグがあり、株式のようにリアルタイムで売買できるしくみではありませんので、価値が下がったときすぐに取引できるわけではありません。また、個人でさまざまな国や地域の株式を買い集めようと思ったら、情報が限られてくることからそのハードルは高く、初心者ならなおさら。**ひとつの投資信託を買えば、全世界にリスク分散しながら投資できるため、そうした点からもおすすめ。**全世界株式でなくとも、先進国株式や米国株式（S&P500）もおすすめです。

　また、「iDeCoを利用してどのように投資したいか」という考え方によってもおすすめ金融商品は変わるので、次ページから紹介していきます。

楽天証券のiDeCoで資産が反映されるまでのフロー

記録関連機関から書類到着
（到着後初期設定、掛金の配分指定）

▶

毎月26日掛金の
引き落とし（拠出）

▶

掛金の配分指定の締め切り
（引き落とし日翌月の8日17時30分まで）

▶

記録関連機関
が発注

▶

年金資産の
反映

引き落とし日から14営業日目以降

※1　楽天証券の総合取引口座を持っている人の例
※2　土日祝日で予定が変わることがある
※3　金融機関によりフローや日数は異なる

iDeCoで外国株式型に投資するメリット

①倒産リスクの緩和
世界中の企業が一斉に倒産し、投資信託の価値が一気に下がることはない

②情報収集や銘柄管理の手間やコストが省ける
株式を一つひとつ買うのは手間やコストがかかるが、ひとつの投資信託に投資するだけで、実質さまざまな銘柄を保有できる

③海外資産を持つことでリスクヘッジとなる
日本人の多くが基本的に円建ての資産をメインで保有しているため、海外資産を保有しておくと日本の景気が悪くなったときのリスクヘッジとなる

CHECK!

投資の基本は分散投資。できるだけ幅広く投資ができる金融商品を選ぼう

記録関連機関　確定拠出型年金の管理を行う金融機関。証券会社や銀行など金融商品を販売する会社とは異なり、個人別の資産残高を記録したり、運用のとりまとめなどを行う

コストを抑えた分散投資が基本！

初心者はまず 全世界株式型から

成長重視の金融商品群

　ここからは「どのように投資したいか」という考え方に沿ったおすすめ銘柄を紹介していきます。まず初心者で「どれを買えばよいかわからない」という人には、全世界株式がよいでしょう。iDeCoでも買えるならば、NISAでも紹介した銘柄はもちろんおすすめですし、節税のメリットが大きい分、iDeCoのほうがお得になることもあります。

①楽天・全世界株式インデックス・ファンド

　楽天投信投資顧問が運用するインデックスファンドです。目標とする指標は「FTSEグローバル・オールキャップ・インデックス」で、日本を含む先進国、新興国などの株式を網羅しています。**全世界にある投資可能な市場の時価総額の98％以上をカバーしているといわれ、幅広い分散投資ができる金融商品です。**

②eMAXIS Slim 米国株式（S&P500）

　三菱UFJ国際投信が運用するインデックスファンドです。これもNISAで紹介しましたが、iDeCoでももちろんおすすめ。信託報酬が紹介しているほかの投資信託よりも高いという点はありますが、それでも**米国のみならず世界経済をけん引する主要企業をおさえたS&P500を指標としており、その成長性から人気のある金融商品です。**アップル（AAPL）、マイクロソフト（MSFT）、アマゾン・ドッド・コム（AMZN）など日本でも馴染み深い企業がそろっていて、投資をするうえでも親近感が持てるでしょう。

楽天・全世界株式インデックス・ファンドの概要

販売会社 楽天証券、松井証券など　　**運用会社** 楽天投信投資顧問

商品概要 世界中の株式に投資しているインデックスファンド

過去5年間の基準価格の推移

[2018年5月〜2023年5月]

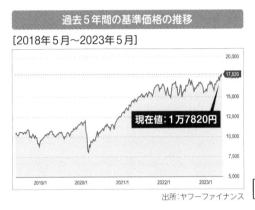

現在値：1万7820円

出所：ヤフーファイナンス

現在値	1万7820円
純資産	2910億5700万円
運用利回り（1年）	5.04%
信託報酬	0.195%

野原's comment

全世界の投資可能な市場の時価総額の98%以上をカバー。究極の分散投資ができる金融商品です

eMAXIS Slim 米国株式（S&P500）の概要

販売会社 松井証券、SBI証券など　　**運用会社** 三菱UFJ国際投信

商品概要 アップルなど主要米国株式に投資しているインデックスファンド

過去5年間の基準価格の推移

[2018年5月〜2023年5月]

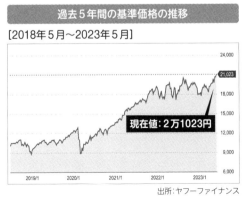

現在値：2万1023円

出所：ヤフーファイナンス

現在値	2万1023円
純資産	2兆1271億8800万円
運用利回り（1年）	4.34%
信託報酬	0.9372%

野原's comment

長期保有に向いています。信託報酬が安いうえ、節税できる分、NISAよりもiDeCoのほうがお得になることも

※147〜151ページの信託報酬は5月末時点の情報であり、現在は変動している可能性があります

リスクの低い債券を取り入れよう

リスクを抑えたい人向けおすすめ銘柄

情勢の変化に対応できる安全資産がおすすめ

　リスクとは価格の上下幅が大きいもののことで、リスクを抑えるなら上下幅が小さいものを選ぶのが基本です。iDeCoでは定期預金や債券型投資信託が該当します。今から紹介する2銘柄は債券への投資が中心の投資信託で、運用利回りがマイナスとなっています。これは米国国内の情勢などにより債券が売られたことに起因しますが、情勢によっては徐々に債券が買われる局面にシフトしていくことも想定されます（152ページ参照）。ドルコスト平均法で長期投資をしていけば、資産形成していけるでしょう。

①楽天・インデックス・バランス（DC年金）

　楽天・インデックス・バランス（DC年金）は、楽天投信投資顧問が運用する金融商品です。全世界株式と投資適格債券へ分散投資を行っており、それぞれの代表的な指数に連動することを目標としています。特徴的なのは資産（投資先）の配分で、株式に15%、債券に85%となっています。また、**為替ヘッジも行っており、かなりリスクが抑えられた金融商品です。**

②たわらノーロード 先進国債券〈為替ヘッジあり〉

　たわらノーロード 先進国債券〈為替ヘッジあり〉は、アセットマネジメントOneが運用する金融商品です。目標とする指標は「FTSE世界国債インデックス」で、この指数は日本を除き、欧米など世界の主要国の国債の動向を表しています。**一般的に、「先進国債券」かつ「為替ヘッジあり」は、預貯金などと同様に安全資産と呼ばれ、リスクが低いのです。**

楽天・インデックス・バランス（DC年金）の概要

販売会社 楽天証券　　　　**運用会社** 楽天投信投資顧問

商品概要 株式と債券に投資しているバランスファンド

過去5年間の基準価格の推移
[2018年5月〜2023年5月]

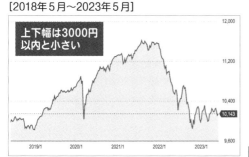

上下幅は3000円以内と小さい

10,143

出所：ヤフーファイナンス

現在値	1万143円
純資産	216億3500万円
運用利回り（1年）	−4.91%
信託報酬	0.162%程度

野原's Comment

値動きが逆相関にある株式と債券に投資していることで、リスク分散ができる金融商品です

たわらノーロード 先進国債券〈為替ヘッジあり〉の概要

販売会社 楽天証券、松井証券など　　**運用会社** アセットマネジメントOne

商品概要 先進国の債券に投資しているインデックスファンド

過去5年間の基準価格の推移
[2018年5月〜2023年5月]

上下幅は3000円以内と小さい

8,446

出所：ヤフーファイナンス

現在値	8446円
純資産	124億1200万円
運用利回り（1年）	−8.81%
信託報酬	0.22%

野原's Comment

比較的リスクの低い債券に分散投資しているうえ、為替ヘッジを行い、さらにリスク軽減されています

バランスファンドでリバランスはお任せ

ほったらかしで運用したい人向け銘柄

バランス型：株式と債券の分散投資でリスクヘッジ

「投資はしたいけれど、あまり難しいことは考えたくない！」という人には、メンテナンスの手間がかからないバランスファンド（固定配分型）の銘柄がおすすめです。バランスファンドとは、株式や債券など種類の違う金融商品に分散投資され、1種類の金融商品群よりもリスクヘッジ（リスクを抑える）がなされています。あらかじめ設定された投資比率を維持するように運用されるため、難しいことは考えたくない人、ほったらかして運用したい人には向いています。

①iFree年金バランスファンド

iFree年金バランスファンドとは、大和アセットマネジメントが運用する銘柄です。世界中の株式に25％、債券に75％投資しており、着実な成長と安定した利益を出すことを目指しています。信託報酬は0.1749％と低く設定されていることから、**ほったらかしにしながら長期保有に向いています。**

②eMAXIS Slimバランス（8資産均等型）

eMAXIS Slimバランス（8資産均等型）とは、三菱UFJ国際投信が運用する銘柄です。国内・先進国・新興国の株式と債券、国内・先進国のREITへ、12.5％ずつ投資をしているバランスファンドです。各投資対象資産の指数を、均等比率で組み合わせた合成ベンチマークへの連動を目指しています。広範囲にわたって分散投資していることから**パフォーマンスが安定しており、リスクを抑えたほったらかし投資に向いている銘柄です。**

ファンド・オブ・ファンズ方式 複数の投資信託を組み合わせて、ひとつにまとめたもの。一般的な投資信託は、複数の株式や債券に投資するが、この方式では複数の投資信託が対象となる

iFree年金バランスファンドの概要

販売会社 SBI証券　　**運用会社** 大和アセットマネジメント

商品概要 株式に25％、債券に75％投資しているバランスファンド

過去5年間の基準価格の推移
[2018年5月〜2023年5月]

現在値：1万3321円
13,312

14,000
12,000
10,000
8,000

2019/1　2020/1　2021/1　2022/1　2023/1

出所：ヤフーファイナンス

現在値	1万3321円
純資産	53億3900円
運用利回り（1年）	6.5％
信託報酬	0.1749％

株式の比率が80％であることから、ほったらかしながら積極的なリターンを狙っていけます

---

eMAXIS Slimバランス（8資産均等型）の概要

販売会社 松井証券、SBI証券など　　**運用会社** 三菱UFJ国際投信

商品概要 国内外の債券と株式に25％ずつ投資するバランスファンド

過去5年間の基準価格の推移
[2018年5月〜2023年5月]

15,000
14,288
12,500
現在値：1万4288円
10,000
7,500

2019/1　2020/1　2021/1　2022/1　2023/1

出所：ヤフーファイナンス

現在値	1万4288円
純資産	2003億1500円
運用利回り（1年）	4.19％
信託報酬	0.143％

8つの資産に均等に投資している銘柄です。シンプルながら分散投資がしっかりされていて、おすすめです

株式と債券の配分がカギ

安定投資を目指すポートフォリオ

株価の比率を30%以内に抑える

　110ページでも紹介したように、ポートフォリオとは複数の資産による組み合わせのことです。異なる資産を組み合わせて保有しておくことで、リスクヘッジになります。iDeCoの対象商品は投資信託が中心であるため、ひとつの商品を買えば実質的な分散投資になりますが、条件や希望によってポートフォリオを考えていきましょう。ここでは大きく利益を生み出せはしませんが、安定した投資結果を得られる「安定投資」で解説します。

　安定投資を目指すなら、株式と債券の配分がカギとなります。株価と債券価格は逆相関にあり、株価が上がれば債券価格が下がり、株価が下がれば債券価格が上がるといわれています。そのため、両者を持っておけば、どちらかの価格が下がったとしても、損をしにくいのです。そして、安定投資を目指す場合は、株式の比率を30%以内に抑えておきたいところ。

　しかしそれでも2022年〜2023年のように、世界的に急激なインフレ（物価上昇）になると、債券であっても株式と逆相関にならず、ともに大きく売られることもあります。よりシンプルに分散したい場合は、ローリスクの定期預金と株式を組み合わせるなどで比率を検討していってもよいでしょう。

　また、iDeCoの現金化が近づく50代後半〜60歳手前になったら、無理に資産を増やすようなハイリスクな投資は、元本割れの可能性が高くなり、危険です。定期預金や元本確保型をの比率を大きくしたり、ローリスクな金融商品に預け替えをするなど、工夫をしてもよいでしょう。

株式と債券の値動きの関係

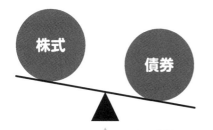

株式が上がれば債券が下がる

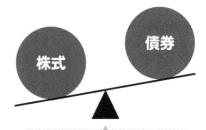

株式が下がれば債権が上がる

注意 ただし、世界的なインフレになると両方とも大きく売られる可能性もある

安定投資のポートフォリオ例

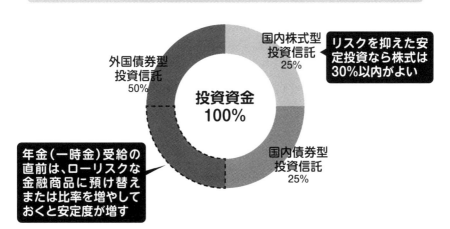

外国債券型
投資信託
50%

国内株式型
投資信託
25%

リスクを抑えた安定投資なら株式は30%以内がよい

投資資金
100%

国内債券型
投資信託
25%

年金（一時金）受給の直前は、ローリスクな金融商品に預け替えまたは比率を増やしておくと安定度が増す

CHECK!

リターンは少なくとも、安定した投資を行いたいなら、株式の比率は30%に抑えておくとよいでしょう

リスクを分散させながら大きなリターンを狙う

積極投資を目指すポートフォリオ

全世界株式に投資していく

　iDeCoで積極投資をするなら、**外国型株式とインデックスファンドを中心にポートフォリオを構成していくとよいでしょう**。外国型株式のなかでも特に全世界株式型が望ましいです。リスクの高い一方で分散投資となるため、リスクヘッジになります。いちばんわかりやすいのは「外国株式（全世界株式）100％」と、投資資金のすべてを外国型株式の投資信託に投資すること。リスクも上がりますが、その分リターンも望めます。

　「積極的に投資はしたいけど、外国型株式だけではリスクが高くて心配……」という人は、外国株式以外のインデックスファンドを組み合わせておくと、リスクが軽減されるでしょう。

　また、積極投資をしたいなら、NISAとの併用がおすすめとなります。iDeCoでは投資できる期間が決まっていますが、新NISAでは無期限です。iDeCoの満期以降もNISAで投資を行えば、その分資産を大きくできる可能性があります。その際、長く利用する予定の制度で、「将来売る可能性の低い金融商品」を保有しておくとよいでしょう。例えば、投資はiDeCoの満期までとして、その間の好きなタイミングでNISAを利用するなど、iDeCoではコストの低い安全資産を長期保有しましょう。iDeCoの満期以降もNISAで投資を続けるならば、iDeCoでは節税メリットだけを享受し安全資産を保有し、NISAではではリスクのある株式を100％保有するなど、制度でリスク分散するのもありです。

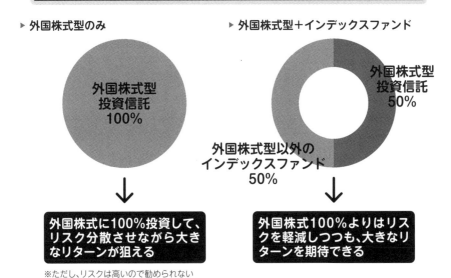

積極投資のポートフォリオ例

▶ 外国株式型のみ

外国株式型
投資信託
100%

↓

外国株式に100%投資して、リスク分散させながら大きなリターンが狙える

※ただし、リスクは高いので勧められない

▶ 外国株式型＋インデックスファンド

外国株式型
投資信託
50%

外国株式型以外の
インデックスファンド
50%

↓

外国株式100%よりはリスクを軽減しつつも、大きなリターンを期待できる

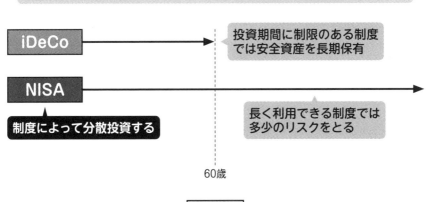

NISAとiDeCoを併用して積極&分散投資

iDeCo　→

投資期間に制限のある制度では安全資産を長期保有

NISA　→

長く利用できる制度では多少のリスクをとる

制度によって分散投資する

60歳

CHECK!

積極的な投資でも、分散投資が基本となります。リスクをおさえつつリターンを追求できます

コラム5

転職・退職をしたら iDeCoはどうなる？

加入条件の区分により提出する書類が異なる

iDeCoの加入者区分は職業によって分けられているため、転職または退職したら拠出をし続けるための手続きが必要となります。

就職（転職）先の企業型DCに移換する場合、「加入者資格喪失届」に加入者の資格を喪失した理由及び、届出書の裏面にある喪失年月日を証明する書類を添付して、運営管理機関に提出します。

運営管理機関とは、資産の運用業務を行う金融機関のこと。金融商品の紹介やどのように運用していけばよいかなどのアドバイスをくれます。掛金を支払う（口座のある）金融機関とは別です。詳細な手続きは、就職（転職）先企業の担当部署に確認しましょう。

就職（転職）先で企業型DCに加入後も、引き続きiDeCoの加入者として掛金を拠出することができます。第1号被保険者・第3号被保険者が第2号被保険者になった場合、「加入者被保険者種別変更届」に、就職（転職）先が記入した「事業所登録申請書兼第2号加入者に係る事業主の証明書」を添付して、運営管理機関に提出しましょう。

第2号被保険者の人が厚生年金の適用事業所に転職した場合は、「加入者登録事業所変更届」に、転職先が記入した「事業所登録申請書兼第2号加入者に係る事業主の証明書」を添付して、運営管理機関に提出します。

第1号被保険者・第3被保険者・国民年金任意加入被保険者になった場合、iDeCo加入者の国民年金に関する被保険者種別の変更の手続きが必要です。「加入者被保険者種別変更届」を、運営管理機関に提出しましょう。

Chapter 6

NISA・iDeCoを利用した資産形成プラン

ここでは、実際にNISAやiDeCoで投資をする前に考えておくべきことや、投資をした場合の資産形成シミュレーション、ライフスタイルに合わせたポートフォリオの例を紹介していきます。自分のライフステージと重ね合わせて投資の参考にしてみてください。

伊藤亮太

投資は余裕資金で行おう！

投資に回す お金について考えよう

投資しても貯金はマスト！

　制度を理解したら次は実践に移ります。まずは投資に必要なお金について考えましょう。

　本書冒頭でも触れていますが、投資は「余裕資金」のなかで行うことが望ましいです。一般的に家計で必要なお金は３つあり、「生活費」「予備資金」「余裕資金」に分けられます。生活費は生活に必要なお金、予備資金は病気やケガなどにより働けなくなった場合など、万が一に備えておくお金、余裕資金は予備資金以外で、万が一なくなっても生活に影響がないお金です。

　投資に回すお金は、予備資金を貯めたうえで余裕資金を利用しましょう。「予備資金をどれくらい貯めればよいか？」という考え方は人それぞれですが、万が一のことがあっても、自分が安心できる金額は貯めておくとよいです。漠然としててわからないという人は、会社員なら毎月の収入の半年分、自営業なら１年分の金額をひとつの基準として考えてください。それ以外のお金を余裕資金を投資に回せばよいのですが、**「あまり貯金できていないけれど、投資も始めてみたい」という人は、無理をせず貯金と投資を並行して行うとよいでしょう。**例えば毎月の収入から３万円を予備資金に回せるならば、２万円を貯金、１万円を投資に回すなど、貯金を軸にしたり、１万円を貯金、２万円を投資でも生活に影響がでない範囲で配分しましょう。投資は実践しつつ勉強していくことが多いので損をすることもあります。貯金をしながら動いていけるのがよいでしょう。

投資は余裕資金で行う

生活費
毎日の生活に必要な
お金

予備資金
医療費や引っ越しな
どまとまった資金が
必要になったときの
万一の備え

余裕資金
予備資金以外で、万
が一なくなっても生
活に影響がないお金

**投資に回す
お金はココ！**

予備資金の金額は下記がひとつの目安になっている
・会社員：月収の半年分
・自営業：月収の1年分（会社員のように傷病手当金
　といった保障がないため、多めに）
➡自分が安心できる金額でOK

貯金しながら投資をする

貯金はあまりないけど、投資したい

⇨ **予備資金に回せるお金を貯金と投資資金に分ける**

3万円

➡ **2万円を貯金する** ◀ **貯金はマスト！**

➡ **1万円を投資に回す**

CHECK!

まずは生活の土台となるお金が大切です。そのうえで投資
は余裕資金で行うのがベストです

ライフプランによって許容度が変わる

リスクを念頭に置いて投資方法を考えよう

大きな支出が控えているならリスクの低い投資を

112ページでは金融商品の特性としてリスクの大きさを解説しましたが、具体的な投資におけるリスクは5つあるといわれています。価格変動のリスク、信用のリスク、金利変動のリスク、為替変動のリスク、流動性のリスクです。**特に初心者は、価格変動のリスクを念頭に置いておきましょう。**

価格変動のリスクとは株価や投資信託の基準価額が上下すること。金融商品の価値は、企業の業績や運用結果などに伴い、日々変動するものです。損をする可能性は常にあります。また、金融商品の価値が下がると配当利回りが下がる、またはもらえなくなる、株主優待が廃止されるなど、お得感がなくなることも。だからこそ、分散投資がとても重要なのです。

また、デメリットとしても紹介しましたが、投資によって利益が出ていない場合、せっかくNISAやiDeCoを利用していたとしても非課税の恩恵を受けられません。こうした恐れがあることは頭に入れておきましょう。

さらに、ライフスタイルによってもリスクの考え方が変わります。例えば、20代〜30代で結婚や出産を控えている場合、結婚資金や出産費用、教育資金などの予備資金が必要となるでしょう。**大きな資金が必要になる予定があるときはリスクの高い投資は避けておきたいところです。**40代〜50代となって教育資金などのめどが立てば、その分を投資資金に回したり、多少リスクのある金融商品の比率を高めたりと、積極投資にシフトしてもよいかもしれません。ライフプランに合わせてリスクを考えることも重要です。

投資のリスク

価格変動のリスク	金融商品の価値が上下するリスクのこと。景気や情勢、株式であれば企業の業績などによって変動する
信用のリスク	株式を発行している企業が破たんするリスクのこと。その企業の株式を買っていた場合、最悪元本が戻らない。またその株式を組み入れていた投資信託の基準価格が大きく下がることも
金利変動のリスク	金利の変動によって金融商品の価値が上下するリスクこと
為替変動のリスク	為替相場の変動などによって、海外の金融商品の価値が上下するリスクのこと
流動性のリスク	取引量が少ない、相場が急変するといった理由で金融商品が売却できなくなるリスクのこと

 これらリスクを回避するには、分散投資を徹底すること(66ページ参照)

ライフスタイルによるリスク

 結婚・出産を控えている

 リスクの低い投資を行う

 教育資金のめどがついた

 ハイリスクハイリターンが望める投資を行う

CHECK!

ライフスタイルによるリスクを考え、予備資産はしっかり押さえておきましょう

何を重視するかによって利用制度を決めよう

NISAとiDeCo どちらを使うべき?

長く投資したいならNISA、節税重視ならiDeCo

これまで解説してきたように、NISAとiDeCoはどちらも資産形成に有利な制度です。併用も可能ですが、**どちらの制度を優先的に使うべきかは、投資で重視するポイントによって変わります**。自分が何を重視したいのか、次のポイントから考えてから決めるとよいでしょう。

①流動性重視

ここでの流動性とは、すぐに現金化できるかどうかということ。「老後資金を準備したいけど、手元にお金がないから引き出せるようにしておきたい」ならば、NISAを選ぶべきです。

②老後資金の形成を重視

定年後、生活費として取り崩す老後資金。この老後資金を確実につくりたいなら、iDeCoを選ぶべきです。「手元にあるお金は使ってしまう」という人にもそのときまで崩せないiDeCoをおすすめします。

③長期の運用を重視

「公的年金がもらえるようになる65歳まで投資したい」「60代以上になっても投資したい」と思うならNISAを選ぶべきです。

④節税重視

安定した収入がある人や複数の収入源がある人は、iDeCoのほうがお得になるでしょう。ただし、専業主婦・夫など収入が少ない、または無収入の人にとってはNISAのほうが向いています。

投資で重視すること

投資資金をいつでも引き出せるようにしておきたい

⇨ **いつでも現金化できるNISAがおすすめ**

老後資金は着実に取っておきたい！

⇨ **60歳まで引き出せないiDeCoがおすすめ**

できるだけ長く、60歳以上になっても投資したい

⇨ **投資に年齢制限のないNISAがおすすめ**

収入が上がった、複数の収入源があるから節税したい

⇨ **節税メリットの大きいiDeCoがおすすめ**

専業主婦で収入がないからこそ、資金形成したい

⇨ **iDeCoの節税メリットはほぼなくなるため、NISAがおすすめ**

CHECK!

どのように投資したいかでNISAかiDeCoを選びましょう。
収入があって積極的に投資したいなら併用もよいでしょう

つみたて投資枠で投資シミュレーション

つみたて投資枠で投資した場合

　ここからは実際にNISAやiDeCoを利用して投資をしたときに、どれくらいの資金形成ができるのか、またどれくらいお得に投資できるのかを見ていきましょう。

　まずは新NISAのつみたて投資枠を利用して積立投資を行った場合です。毎月の積立金額と投資年数から投資総額がいくらになるかを確認してみましょう。これを表にしたのが165ページの上図です。例えば、毎月１万円の積み立てを30年間行うと、360万円になります。

　つみたて投資枠の非課税保有限度額は1800万円までなので、仮に月５万円の積み立てを30年間行うと上限額に達します。それ以上の金額・年数を積み立てる場合は、一部の金融商品を売却して翌年から新しく積み立てを行わなければなりません。

　毎月３万円、30年間積み立てを行うと仮定します。30年後の投資額は1080万円です。**運用利回り年３％で積み立て投資を行っていたとすると、30年後の資産総額は1736万円となり、**そのなかで**運用利益は656万円となります（右ページ下図参照）。**ただし、投資信託は、信託報酬がかかります。信託報酬は投資を行う期間、毎日かかるものですから、実際の利益は信託報酬を差し引いた金額になります。**仮に信託報酬が0.5％だとすると資金総額は1599万円、１％だとすると資金総額は1474万円**まで下がります。長期保有するとかなりの差が出るため、コストの低いものを選びましょう。

積立金額の一覧

積立額(万円) 毎月	年間	年数(年目) 1	2	3	4	5	10	15	20	25	30	非課税保有限度額(万円)
0.5	6	6	12	18	24	30	60	90	120	150	180	
1	12	12	24	36	48	60	120	180	240	300	360	
1.5	18	18	36	54	72	90	180	270	360	450	540	
2	24	24	48	72	96	120	240	360	480	600	720	1800
2.5	30	30	60	90	120	150	300	450	600	750	900	
3	36	36	72	108	144	180	360	540	720	900	1080	
4	48	48	96	144	192	240	480	720	960	1200	1440	
5	60	60	120	180	240	300	600	900	1200	1500	1800	

月5万円で30年間投資すると上限額に達する

月3万円、年利3％で30年間投資した場合の資産推移

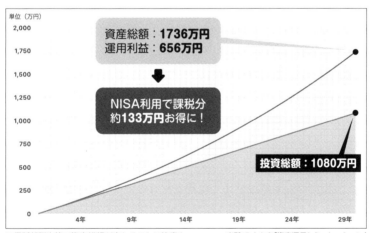

単位（万円）

資産総額：**1736万円**
運用利益：**656万円**

NISA利用で課税分
約**133万円**お得に！

投資総額：**1080万円**

※信託報酬次第で資産総額が変わることに注意！　　出所:みんかぶ「資産運用シミュレーション」

CHECK!

信託報酬のわずかな差が大きな差に。できるだけ信託報酬が低い金融商品で積み立てましょう

配当のある株式投資でさらにお得に

成長投資枠で投資シミュレーション

初心者は運用利回り5％を目指そう

　新NISAの成長投資枠を利用して積立投資を行った場合です。ここでは毎月決まった金額を個別銘柄に投資すると仮定して、年数に対して投資総額がいくらになるのかを確認してみましょう。表の見方は164ページのつみたて投資枠の表と同じですが、成長投資枠では非課税保有限度額が1200万円ということに気をつけましょう。月5万円の投資を行うと、20年目で上限の1200万円に達し、それ以上の投資はできなくなってしまいます。その後も投資をしたいのであれば、利益の出ているものを売却し、枠を作りましょう。

　成長投資枠でも投資信託などに投資することは可能ですが、ここでは株式を想定します。投資信託の運用利回りと比較して、個別銘柄の運用利回りは高い傾向にあり、銘柄によっては年10%〜20%も珍しくはありません。しかし、年10%以上の利回りを目指すことはそれ以上の下落リスクも伴うため、**年5％程度の安定成長銘柄で運用できれば上々でしょう。**

　ここでは月3万円で30年間、株式投資を行うと仮定します。**運用利回り年5％で30年後の金額は2446万円です。**仮に同じ条件で貯金のみを行った場合、1080万円となるため、実に1366万円もの運用利益が出ることになります。通常の課税口座であれば1366万円に課税されますが、NISAを利用していれば非課税となり、約378万円もお得になります。配当があればさらに運用利益を大きくできるため、高配当の株式も視野に入れましょう。

積立金額の一覧

積立額(万円) 毎月	年数(年目) 年間	1	2	3	4	5	10	15	20	25	30	非課税保有限度額(万円)
0.5	6	6	12	18	24	30	60	90	120	150	180	
1	12	12	24	36	48	60	120	180	240	300	360	
1.5	18	18	36	54	72	90	180	270	360	450	540	
2	24	24	48	72	96	120	240	360	480	600	720	1200
2.5	30	30	60	90	120	150	300	450	600	750	900	
3	36	36	72	108	144	180	360	540	720	900	1080	
4	48	48	96	144	192	240	480	720	960	1200	1440	
5	60	60	120	180	240	300	600	900	1200	1500	1800	

月5万円で20年間投資すると上限額に達する

月3万円、年利5％で30年間投資した場合の資産推移

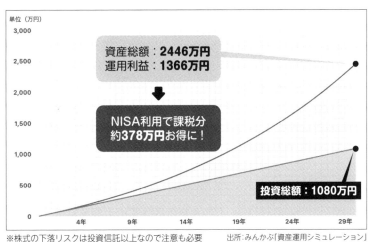

資産総額：**2446万円**
運用利益：**1366万円**

NISA利用で課税分
約**378万円**お得に！

投資総額：**1080万円**

※株式の下落リスクは投資信託以上なので注意も必要　　出所:みんかぶ「資産運用シミュレーション」

CHECK!

安定成長や高配当の銘柄を選ぶなどして年利5％のリターンを目標に運用していきましょう

枠を併用して資産形成

つみたて&成長投資枠で投資シミュレーション

長く運用することの重要性がわかる

　新NISAではつみたて投資枠と成長投資枠の併用が可能となります。非課税保有限度額はトータルで1800万円となり、そのうち成長投資枠は1200万円までです。仮に成長投資枠で1200万円分の枠を使うと、残りの600万円はつみたて投資枠でのみとなります。また、年間投資枠はつみたて投資枠が120万円、成長投資枠が240万円となるため、月換算すると投資できるのはそれぞれ月10万円、20万円までです。

　ここでは、つみたて投資枠で月2万円の投資を30年間続け、またその途中で並行して成長投資枠で月2万円の投資を10年間続けると仮定します。運用利回りはつみたて投資枠が年3％、成長投資枠が年5％では、どれくらいの資産形成ができるでしょうか。

　つみたて投資枠では30年後の資産額が1157万円で、そのうち運用利益は437万円です。仮に信託報酬が0.5％だとすると、資産額は1066万円、運用利益は346万円になります。成長投資枠では10年後の資産額が309万円、運用利益は69万円となります。**それぞれを合計すると資産総額は1466万円、運用利益は506万円です。**

　途中で成長投資枠を始めたことで資産額を増やすことができましたが、164ページのつみたて投資枠と比較してわかることは、長く運用することの大切さです。利回りが高く、信託報酬を引かれるとしても、こつこつと投資しているほうが複利の効果で大きな資産を築くことができます。

つみたて&成長投資枠で投資した場合の資産推移

▶ **つみたて投資枠で月2万円、年利3％で30年間投資した場合の資産推移**

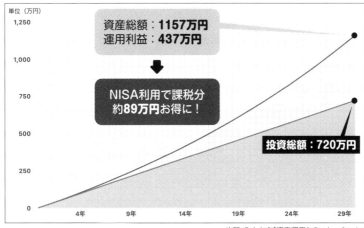

出所:みんかぶ「資産運用シミュレーション」

▶ **成長投資枠で月2万円、年利5％で10年間投資した場合の資産推移**

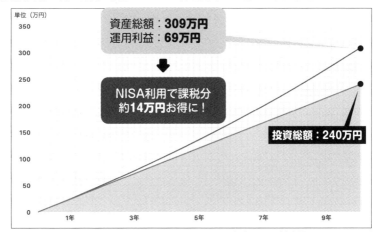

出所:みんかぶ「資産運用シミュレーション」

CHECK!

運用利益は合わせて506万円ですが、長く運用することの
重要性も見てください

節税を最大限享受して活用

iDeCoで
投資シミュレーション

節税メリットが多いiDeCo

iDeCoは、職業などによって毎月の掛金の上限、年齢によって投資年数が決まっています。ここでは、年収400万円の30歳会社員がiDeCoで65歳まで積み立てを行った場合のシミュレーションをします。会社員は第2号被保険者となるため、掛金の上限は1万2000円〜2万3000円です。このケースでは企業年金はなしと仮定し、毎月の掛金は2万3000円とします。

まず掛金での税制優遇についてです。掛金は全額が所得控除の対象となり、課税対象の減額により住民税も軽減されます。年収が400万円で、掛金が2万3000円の場合、それぞれの軽減額は右上図のようになります。**35年間の投資では144万9000円の税金を控除することが可能です。**

次に運用利益です。月2万3000円で運用利回り年3％を達成したとすると、35年後の**資産総額は1692万円、運用利益は726万円です。運用益は全額非課税となり、約156万円がお得になります。**このとき、分配金などによる利益も非課税となるため、分配金がある場合はさらにお得になります。

最後は受給時です。一括受給だと退職所得控除が、分割受給だと公的年金等控除が適用されますが、ここでは一括受給とします。勤続年数（iDeCoでは加入年数）35年で、資産総額1692万円を一括受給すると、退職所得控除の計算式は次のとおりです。「800万円＋70万円×（35年－20年）＝1850万円」[※1]。受給金額よりも退職所得控除のほうが大きいため、全額非課税となります。

企業年金	企業が従業員の老後の生活のために、公的年金に上乗せして任意で加入する私的年金のこと

iDeCoでお得になる金額のシミュレーション

▶ 掛金2万3000円の場合の税制優遇

	年間	30年間(60歳まで)	35年間(65歳まで)
所得税軽減額	1万3800円	41万4000円	48万3000円
住民税軽減額	2万7600円	82万8000円	96万6000円

最大144万9000円が控除される

出所:個人型確定拠出年金「iDeCo公式サイト かんたん税制優遇シミュレーション」より編集部作成

▶ 掛金2万3000円で年利3％を達成したときの運用利益の税制優遇

投資年数	掛金総額	運用利益	資産総額	お得になる金額
30年間	828万円	503万円	1331万円	約102万円
35年間	966万円	726万円	1692万円	約147万円

最大147万円が非課税になる

出所:みんかぶ「資産運用シミュレーション」より編集部作成

▶ 一括で受給するときの税制優遇

一括受給→退職所得控除が適用

受給金額:1392万円　　勤続(加入)年数:35年

退職所得控除＝800万円＋70万円×(35年－20年)＝1850万円

受給金額＜退職所得控除なので、**全額非課税**

野原

掛金、運用益、給付金のすべてにおいて税制優遇があるため、収入にある程度の余裕がある人はiDeCoの活用をおすすめします

CHECK!

今回の事例で35年間iDeCoで投資をすると、税制優遇の総額は約232万円[2]と、かなり大きな金額になります

※2　上図、控除額と非課税額の総額

───

※1　2023年5月現在、岸田政権の方針により勤続年数20年超の退職所得控除の年額70万円が減額される可能性あり

年収の変動によって制度を利用する

NISA&iDeCoで投資シミュレーション

収入が上がったらiDeCo利用で税制優遇を享受

　NISAとiDeCoは併用可能のため、両制度を利用した場合の資産形成シミュレーションをします。ここでは、25歳の会社員がNISAの成長投資枠で月1万円の投資を始め、収入が上がってきた40歳でiDeCoに加入すると仮定します。

　まず成長投資枠では、月1万円、運用利回り年5%、65歳までの40年間株式投資をしたとします。40年後の投資金額は480万円で、資産額は1483万円、そのうち運用利益は1003万円です。運用益に課税される約204万円分がお得になります。

　そして40歳となり、年収が上がったところでiDeCoに加入。年収は500万円とし、掛金は（企業年金はなしと仮定）上限の2万3000円、65歳までの25年間積み立て、運用利回りは年3%を達成したとします。掛金の所得控除による節税効果は25年間で138万円です。掛金の総額は690万円で、資産額は1020万円、そのうち運用益は330万円となります。運用益に課税される約67万円分がお得になります。**NISAとiDeCoを合わせた資産総額は約2503万円で、271万円以上もお得になります。**iDeCoで投資していた分の信託報酬などのコストはかかりますが、株式の配当などがあればさらにお得に。また、iDeCoの受給時の税制優遇があればもっとお得になります。必ずしも同じタイミングで両制度を利用する必要はなく、資金に余裕ができたときなどに併用してみましょう。

NISA&iDeCoで投資した場合の資産推移

▶ NISAで月1万円、年利5％で40年間投資した場合の資産推移

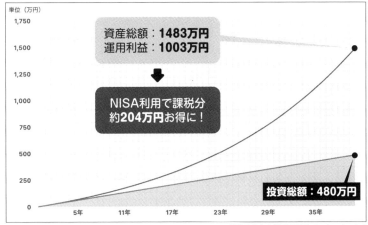

単位（万円）

資産総額：**1483万円**
運用利益：**1003万円**

NISA利用で課税分
約**204万円**お得に！

投資総額：**480万円**

出所：みんかぶ「資産運用シミュレーション」

▶ iDeCoで月2万3000円、年利3％で25年間投資した場合の資産推移

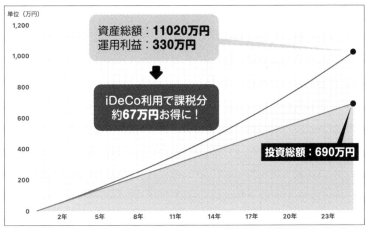

単位（万円）

資産総額：**11020万円**
運用利益：**330万円**

iDeCo利用で課税分
約**67万円**お得に！

投資総額：**690万円**

出所：みんかぶ「資産運用シミュレーション」

CHECK!

NISAとiDeCoを合わせた資産総額は約2503万円で、節税効果は271万円以上にもなります

投資できる年数が長い20代は積極投資！

20代単身は資産全体の 30%〜50%を投資へ

貯金をしつつ投資を始めよう

　ここからはライフスタイルに合わせた、投資や貯蓄などのポートフォリオの例を考えていきます。資産のうち「どれくらい」を「どの金融商品」に投資するかは、リスクの許容度で変わってきます。

　まずは20代単身世帯の場合です。**20代は投資できる時間が長いうえ、直近でまとまった金額の支出の予定がないならば、ある程度のリスクを許容して積極投資を心がけるとよいでしょう。**ただし、投資をしようと思った時点で貯蓄がない場合は、貯金をして予備資金をつくりながら投資を行う必要があります。毎月の収入からどのくらいの金額を予備資金に回せるのかを考え、ドルコスト平均法などによって毎月こつこつ買っていきましょう。

　例えば入社したてであまり収入の余裕もない場合、月5000円〜1万円など、無理のない範囲で投資していけるとよいです。それでも厳しいという場合は、単元未満株などを利用して買っていくのでもよいでしょう。投資信託であれば金融機関によっては月100円から積み立て可能な場合もあるので、とりあえず始めてみてもよいと思います。

　投資資金は資産全体の30%〜50%程度と比較的高く、積極的に考えたいところです。投資対象は、多少リスクのある株式型の投資信託や、株式の個別銘柄になりますが、分散投資を前提に。日本株と米国株など国や地域を分けるなどしてリスクヘッジはしておきましょう。

20代単身世帯の投資例

▶ 投資のポイント

● 20代でそこまで収入・貯蓄に余裕がない
● 投資はしてみたい

➡ 貯金と並行しながら無理のない範囲で投資を始める

▶ 20代単身のポートフォリオの例

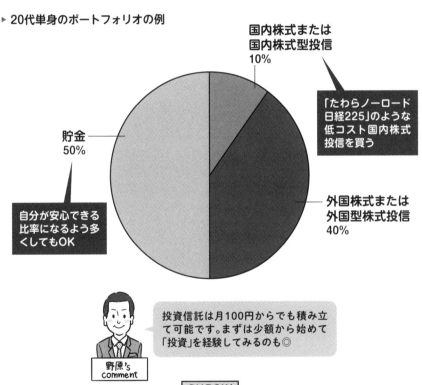

国内株式または
国内株式型投信
10%

「たわらノーロード
日経225」のような
低コスト国内株式
投信を買う

貯金
50%

自分が安心できる
比率になるよう多
くしてもOK

外国株式または
外国型株式投信
40%

野原's
comment

投資信託は月100円からでも積み立
て可能です。まずは少額から始めて
「投資」を経験してみるのも◎

── CHECK! ──

投資できる年数が長い20代は、積極投資でOK。毎月買っていくことを意識しましょう

分散投資を心がけた積極投資を

20代所帯持ちは貯金比率高めで積極投資を

3つ以上の金融商品へ分散投資を行う

20代で家族持ちの場合のポートフォリオ例を考えていきます。

174ページでも解説したように、**20代はやはり投資できる年数が長いことから、積極投資に踏み切ってもよいでしょう**。また、ある程度の予備資金があるのであれば、ぜひ投資を活用していきましょう。

例えば国内株式・外国株式・債券の投資信託を毎月5000円〜1万円ずつ買っていくなどして運用してみるとよいでしょう。無理のない範囲で分散投資しつつ、こつこつと資金形成をしていけるでしょう。株式の個別銘柄に投資しても構いません。ただしその際も、分散投資を心がけて運用できるようにしましょう。**最終的には投資資金の30%〜50%を株式または株式型の投資信託になれば、リターンも狙える積極投資になると思います。**

株式や株式型の投資信託は、一般的な金融商品のなかでも比較的リスクが高めで値動きが大きいものが多いのですが、株価は日々変動するものです。一喜一憂せず、分散投資や長期の運用を心がけていれば、きちんと資産形成していけるでしょう。

また、結婚資金や出産費用などの支出がある場合は、貯金の比率を高めて備えておくとよいかもしれません。さらに余裕があれば、コロナショックなど大きな下落があったときにまとめて購入できるよう、予備資金を蓄えておけるとよいでしょう。

20代2人以上世帯の投資例

▸ 投資のポイント

● 20代で2人以上世帯
● 将来的に大きな支出を予定している
➡ 分散・長期の投資を心がけ、直近の支出は貯金で備える

▸ 20代所帯持ちのポートフォリオの例

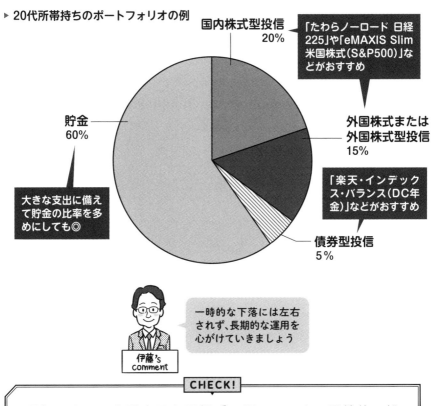

国内株式型投信
20%

「たわらノーロード 日経225」や「eMAXIS Slim 米国株式(S&P500)」などがおすすめ

外国株式または
外国株式型投信
15%

「楽天・インデックス・バランス(DC年金)」などがおすすめ

貯金
60%

大きな支出に備えて貯金の比率を多めにしても◎

債券型投信
5%

一時的な下落には左右されず、長期的な運用を心がけていきましょう

伊藤's comment

CHECK!

最初は3つの金融商品を同額ずつ買っていき、最終的に投資資金の30%〜50%が株式型になるよう調整を

生活に大きな変化がなければ積極投資！

30代・40代単身は 20%〜40%を株式型へ

毎月積み立て＋大きな下落で買い

　続いては30代〜40代のポートフォリオ例を考えていきます。ここでは、単身世帯を想定します。

　今後のライフプランをどうしていきたいかという希望にもよりますが、生活スタイルに大きな変化がない場合は、**基本的に20代と同じように積極投資をしても問題ありません**。20代と比較して、収入が上がっていることや、予備資金がある程度あることが予想されますので、余裕資金を活用しながら投資していきましょう。

　ドルコスト平均法などによって毎月こつこつと積み立て投資していくことをベースとしつつ、株価が大きく下がるようなときに数十万円を一括購入する方法を組み合わせてもよいです。株価は下がり続けることはないため、時代やニーズに合った銘柄をきちんと選定できれば、やがて上がることが予想されます。

　20代と比較すると投資できる年数が短いということもあるため、**リスクの高い株式型の割合は、資産全体の20%〜40%程度にしておくとよいです**。資金に余裕がある場合は、債券型投資信託やREITなどにも投資しておくと、分散投資ができてよいでしょう。

　ただし、病気やケガなどによって働けなくなってしまう場合も想定しておく必要があります。予備資金を確保しておくことは前提として、すぐに現金化することのできるNISAを中心に活用していくとよいかもしれません。

30代・40代単身世帯の投資例

▶ 投資のポイント

● 30代・40代で単身世帯
● 生活スタイルが大きく変わる予定はないが病気などの不測には対応させておきたい

➡ **ドルコスト平均法で積み立てつつ、大きな下落で一括購入**

▶ 30代・40代単身のポートフォリオの例

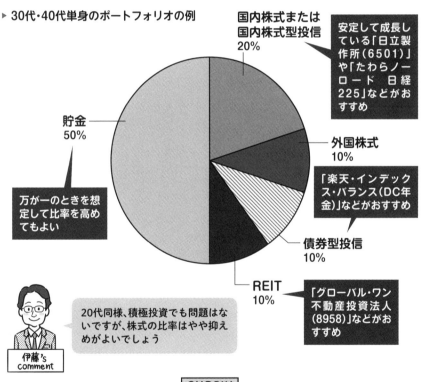

国内株式または国内株式型投信 20%

安定して成長している「日立製作所（6501）」や「たわらノーロード　日経225」などがおすすめ

外国株式 10%

「楽天・インデックス・バランス（DC年金）」などがおすすめ

貯金 50%

万が一のときを想定して比率を高めてもよい

債券型投信 10%

REIT 10%

「グローバル・ワン不動産投資法人（8958）」などがおすすめ

20代同様、積極投資でも問題はないですが、株式の比率はやや抑えめがよいでしょう

伊藤's comment

CHECK!

病気やケガなどへの備えとして貯金の比率を高めたり、現金化できるNISAを利用したりと工夫をすると◎

iDeCoで節税効果を最大限に活用しよう

30代・40代複数収入源単身は投信での投資を

株式型の投資信託は投資資金の50%までOK

　30代〜40代のポートフォリオ例を考えていきます。ここでは、単身世帯で複数の収入源がある人を想定していきます。

　単身世帯で、大きな生活スタイルの変化がなければ基本的には積極投資でも構いません。副業などによって複数の収入源がある人なら、安定した収入があることが想定されるため、株式などの比率を高めてもよいでしょう。ただ、iDeCoは積極的に利用したほうがよいです。

　iDeCoは掛金が全額所得税控除になるため、節税効果が得られます。そのため収入が多い人ほどお得になる率が高いでしょう。また、自営業やフリーランスであれば掛金の上下は6万8000円までと高く設定されています。そうした働き方の人もiDeCoを検討してみるとよかもしれません。

　ポートフォリオの内訳は、**投資資金に対して株式型投資信託を20%〜40%程度と高めでもよいです。さらに積極投資を行いたいという人は、50%程度でもよいしょう。**国内株式だけでなく、安定した成長率を見せる先進国株式でもよいかもしれません。

　また、より積極的な投資を目指したいという人であれば、株式投資でもよいです。米国株式をはじめとして、海外の株式には1株から買えるものもあり、世界的な有名企業の株式を少額から買えるケースもあります。好きな企業の株式を買い集めれば、いわば自分だけの投資信託がつくれるのです。きちんと選定できるようであれば、こうした投資方法もよいでしょう。

複数の収入源がある30代・40代単身世帯の投資例

▶ 投資のポイント

● 30代・40代で単身世帯
● 副業などにより安定した収入がある
➡ iDeCoを活用しつつ、積極的な投資を目指そう

▶ 30代・40代複数収入単身のポートフォリオの例

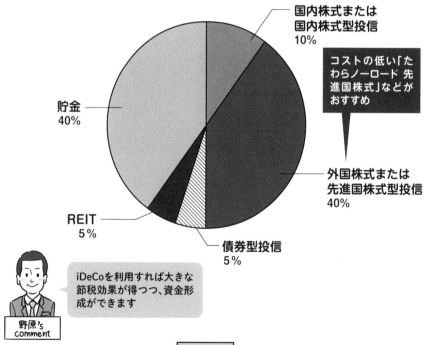

国内株式または
国内株式型投信
10%

コストの低い「た
わらノーロード 先
進国株式」などが
おすすめ

貯金
40%

外国株式または
先進国株式型投信
40%

REIT
5%

債券型投信
5%

iDeCoを利用すれば大きな
節税効果が得つつ、資金形
成ができます

野原's
comment

CHECK!

iDeCoを利用した積極投資を心がけましょう。余裕があれ
ば、NISAを併用して株式投資もOKです

余裕があれば20%～30%を株式投資へ

30代・40代所帯持ちは貯金主体の安全な投資を

高配当の銘柄で必要資金を補填

　続いては30代・40代で2人以上世帯のポートフォリオ例を考えていきます。ここでは、子どものいる家庭を想定し、教育資金なども含めた投資方法を考えていきます。30代・40代で家族や子どもがいる場合、投資資金よりも先に教育資金や住宅ローンの返済などについて考えていく必要があるでしょう。まだ子どもが小さい時期には投資に回す余裕があるかもしれませんが、油断は禁物です。積極投資で損をしてしまった場合に、必要資金も確保できなくなってしまっては元も子もありません。まずは貯金主体で考え、余裕ができそうなら、投資を活用してみるとよいでしょう。投資をするなら、いつでも現金化できるNISA中心の利用をおすすめします。

　投資資金に回せるくらい余裕がある場合や教育資金などのめどがついた場合、**資産全体の40%くらいを投資資金に回してもよいです。**ただし、**安全投資を心がけてたほうがよいため、投資信託で分散投資を心がけて。**株式投資するなら、高配当や安定して配当の出る銘柄に投資し、配当金で必要資金を補填したり、株主優待に目をつけて飲食店や玩具メーカーの銘柄を買い、普段の生活を補ったりするのもひとつの手です。

　大きく下げたときにまとめて一括購入するような投資ではなく、分散投資で毎月こつこつ買っていきましょう。決して無理をせず、必要資金を確保できている状態で安全な投資を目指してください。

20代単身世帯の投資例

▸ 投資のポイント

●30代・40代で2人以上世帯
●教育資金など支出の予定がある
➡ 貯金主体で、余裕があれば安全な
分散投資

▸ 30代・40代所帯持ちのポートフォリオの例

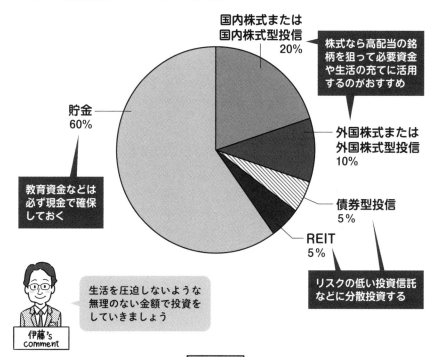

国内株式または
国内株式型投信
20%

株式なら高配当の銘柄を狙って必要資金や生活の充てに活用するのがおすすめ

貯金
60%

外国株式または
外国株式型投信
10%

教育資金などは
必ず現金で確保
しておく

債券型投信
5%

REIT
5%

リスクの低い投資信託
などに分散投資する

生活を圧迫しないような
無理のない金額で投資を
していきましょう

伊藤's
comment

CHECK!

まずは大きな支出を第一に。それでも余裕があれば、安全
な分散投資を心がけて資金形成を

急な治療費などは現金で確保、計画的な投資を

50代・60代単身世帯は ローリスクな投資へシフト

株式は30%までに抑える

　50代・60代単身世帯の投資についてです。この世代はキャリアを重ねて収入が安定していると考えられますが、老後を間近に迎えている世代です。40代までと比較すると、健康や介護のリスクに備えたり、対処したりする必要があります。また、急いで資金形成しようとして、60歳前後でハイリスクハイリターンな投資をするのは危険です。急な治療費などに備えてある程度現金で持っておくことを前提に、着実な資金形成を目指しましょう。

　50代であれば、例えばiDeCoで投資できる65歳までは時間があります。定年まではiDeCoを中心に活用して投資を行い、節税効果を狙っていくのも手です。また、健康リスクや介護リスクに備えたうえである程度のまとまった資金があるならば、投資資金全体の20%〜30%を株式投資に回してもよいでしょう。このとき、高配当銘柄や優待銘柄などの特典がある銘柄を中心にしたり、ディフェンシブ銘柄に投資することをおすすめします。ディフェンシブ銘柄とは、景気動向に左右されにくい社会インフラ系の企業や生活必需品の食品メーカーなどのこと。手堅い銘柄を選定しましょう。株式以外は貯金や債券といったローリスクの金融商品を中心に構成し、資産を守るポートフォリオを心がけてください。

　すでに投資を行っている人や定年後の投資については、さらにローリスクな投資へシフトしていきます。**特に60代以降は、株式の割合を投資資金の20%程度になるよう抑えていきましょう。**

50代・60代単身世帯の投資例

▶ 投資のポイント

●50代・60代で単身世帯
●病気やケガのリスクが高い
➡ローリスクで資産を守る投資を目指そう

▶ 50代・60代単身のポートフォリオの例

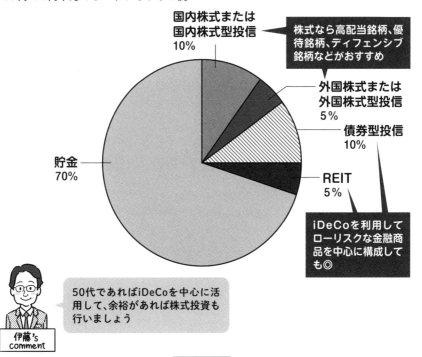

国内株式または
国内株式型投信
10%

株式なら高配当銘柄、優待銘柄、ディフェンシブ銘柄などがおすすめ

外国株式または
外国株式型投信
5%

債券型投信
10%

貯金
70%

REIT
5%

iDeCoを利用してローリスクな金融商品を中心に構成しても◎

50代であればiDeCoを中心に活用して、余裕があれば株式投資も行いましょう

伊藤's comment

CHECK!

間近に迫った老後を見据え、攻めではなく守りの投資を。
ローリターンでも安全な投資を心がけましょう

これから投資する人は株式40%で資金形成を始める

50代・60代所帯持ちは 徐々に安全資産へシフト

貯金の比率は高めを保っておこう

　50代・60代2人以上世帯で子どもがいる場合、子育てにひと区切りついているケースも多いのではないでしょうか。しかし、資金形成の視点からいえば、教育資金への支出がなくなったところからが本番です。資金が心もとない人はここでの投資が老後資金の命運を分けるでしょう。

　投資を行う前に、まずはこれからのお金について考えます。教育資金など大きな支出がなくなった後の収支や退職金など、入ってくるお金がどれくらいになるかを計算しましょう。そして、老後を迎えるまでにどれくらいの貯蓄ができるのかを計算し、貯蓄のみで老後資金がまかなえるようであれば、投資は必要ありません。

　貯蓄だけでは老後資金として足りないようであれば、資金形成をしていきましょう。**50代以降で老後資金を形成し始める場合、投資を始めてから最初の5年〜10年ほどは、株式の比率を投資資金全体の40%ほどと高めにして運用をします。**その後、利益の出たものから一部を売却していき、徐々に比率を下げていく方法がおすすめです。**最終的には株式の比率を20%ほどに引き下げ、あとはローリスクの債券型投資信託などに振り分けていくと良いでしょう。**

　ただし、老後間近ということもあるため、貯金の割合は資産全体の60%〜70%と高めの比率は保っておくことが重要です。

50代・60代で2人以上世帯の投資例

▶ 投資のポイント

● 60代・60代でまだ投資をしたことがない
● 教育資金のめどはついている
➡ **株式40％で投資を始め、安全資産へシフトする**

▶ 50代・60代所帯持ちのポートフォリオの例

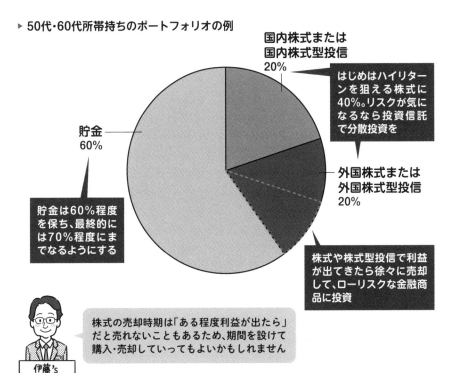

国内株式または
国内株式型投信
20％

はじめはハイリターンを狙える株式に40％。リスクが気になるなら投資信託で分散投資を

貯金
60％

外国株式または
外国株式型投信
20％

貯金は60％程度を保ち、最終的には70％程度にまでなるようにする

株式や株式型投信で利益が出てきたら徐々に売却して、ローリスクな金融商品に投資

株式の売却時期は「ある程度利益が出たら」だと売れないこともあるため、期間を設けて購入・売却していってもよいかもしれません

伊藤's comment

CHECK!

貯金の比率は60％を割らないようにしつつ、安全資産中心の投資を心がけましょう

投資以外の資金も要チェック！

60歳以上所帯持ちは 10%〜20%を株式型へ

資産運用はインフレ対策にもなる

　続いては60歳以上で所帯持ちの場合の投資例について考えていきます。子どもが独立していれば、老後資金の形成をしていきましょう。

　これからのお金について考えます。まずは、公的年金がどれくらいあるのかを調べましょう。公的年金は、毎年誕生日月に届く「ねんきん定期便」で確認できるほか、インターネット版の「ねんきんネット」でも確認できます。公的年金のみで毎月の生活をカバーできそうであれば、余裕資金を投資に利用してもよいでしょう。

　また、退職金で生活をまかなえそうな場合、公的年金を繰り下げ受給して、年金額を増やすこともできますから、検討してみましょう。

　いずれにせよ、生活していくお金が確保できたら、「今すぐには使わないお金」を運用に回してもよいです。**資金を運用する場合、10%〜 20%を株式型に回しましょう。**60歳以上は投資で無理はできませんが、仮にインフレが起これば、貯金だけでは目減りする可能性があります。そのため、資産の一部を株式や投資信託に回しておくと、目減りするリスクを軽減することができるでしょう。

　投資金額はNISAで投資できる金額の範囲内での投資に留めておくことが重要です。高配当銘柄や優待銘柄などに投資して、生活一部に充てることも検討しましょう。株式や株式型投資信託以外の資産は貯金と債券型投資信託を中心に構成し、資金確保は重点に行ってください。

60歳以上2人以上世帯の投資例

▷ 投資のポイント

●60歳以上で2人以上世帯
●生活していくお金の確保はできている
➡今すぐに使わないお金を資産運用へ回す

▷ 60歳以上世帯持ちのポートフォリオの例

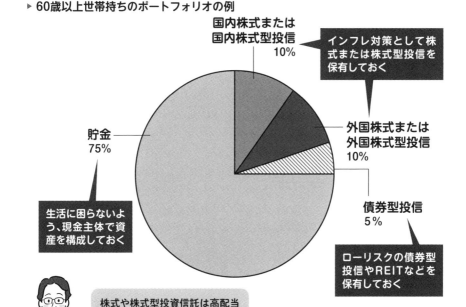

国内株式または
国内株式型投信
10%

インフレ対策として株式または株式型投信を保有しておく

外国株式または
外国株式型投信
10%

貯金
75%

生活に困らないよう、現金主体で資産を構成しておく

債券型投信
5%

ローリスクの債券型投信やREITなどを保有しておく

株式や株式型投資信託は高配当の銘柄を狙って、生活資金の一部にすることもよいでしょう

伊藤's
comment

CHECK!

この年代は大きく資産形成するよりも年2%～3%を増やしてくようなイメージで、無理せず投資しましょう

バランスファンドでほったらかし投資もできる！

資産1000万円以上の人は 取り崩さずに運用

資産を守りながらの運用を心がける

　資産が1000万円以上あって投資したいという人は、資産を守りつつ運用できるとよいでしょう。実際、1000万円以上の資産は老後に取っておきたいもの。働けるうちは働いて、できるだけ資金を取り崩さないことを心がけるとよいです。また、それだけのお金を貯金だけしていても、現在の銀行の金利で増えることはありません。お金にも働いてもらい、さらに資産を増やしていけるとよいしょう。

　お金があればあるほど、投資資金に回して増やしても構いません。言い換えれば、資金が減っても耐えられるくらいの金額を回してもよいでしょう。資金全体の50％程度を株式投資に回して大きく増やすことも可能ですが、**はじめて投資を行うならば、株式は資金全体の30％程度に留めておくとよいでしょう**。そのほかは投資信託などに分散投資し、保有しておきます。

　また、自分で運用するのが面倒だという場合は、「ほったらかし投資」でリバランスの頻度を下げてもよいでしょうし、バランスファンドに投資しておけば、自動的にリバランスを行ってくれます。そうした金融商品を活用していくこともよいでしょう。ただし、**バランスファンドは手数料が高く設定されているものも多いため、コストが抑えられた金融商品を選ぶことが重要**です。また、配当などのインカムゲインが得られるものもありますから、そうした金融商品を探してみるのもよいでしょう。

資産1000万円以上ある人の投資例

▶ 投資のポイント

● 資産が1000万円以上ある
● さらに資産を増やしたい
➡ 資産は取り崩さずに、ほったらかし投資もあり

▶ 資産1000万円以上ある人のポートフォリオの例

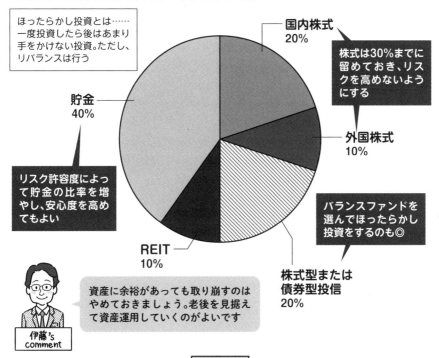

ほったらかし投資とは……一度投資したら後はあまり手をかけない投資。ただし、リバランスは行う

貯金 40%

リスク許容度によって貯金の比率を増やし、安心度を高めてもよい

REIT 10%

国内株式 20%

株式は30%までに留めておき、リスクを高めないようにする

外国株式 10%

バランスファンドを選んでほったらかし投資をするのも◎

株式型または債券型投信 20%

資産に余裕があっても取り崩すのはやめておきましょう。老後を見据えて資産運用していくのがよいです

伊藤's comment

CHECK!

リスクを高くしすぎなければ、好きな比率でポートフォリオを組むこともできます

はじめてのNISA
知識ゼロからの始め方・選び方

2023年7月5日　発行
2023年9月30日　第2刷発行

監修・解説	伊藤亮太、野原 亮
編集	花塚水結・神宮 遥（株式会社ループスプロダクション）
イラスト	ひらのんさ
カバーデザイン	植竹 裕
本文デザイン・DTP・図版作成	竹崎真弓（株式会社ループスプロダクション）

発行人　　佐藤孔建

編集人　　梅村俊広

発行・発売　〒160-0008
　　　　　　東京都新宿区四谷三栄町12-4 竹田ビル3F
　　　　　　スタンダーズ株式会社
　　　　　　https://www.standards.co.jp/
　　　　　　TEL：03-6380-6132
　　　　　　e-mail：info@standards.co.jp

印刷所　　中央精版印刷株式会社

https://www.standards.co.jp/

●本書の内容についてのお問い合わせは、上記メールアドレスにて、書名、ページ数とどこの箇所かを明記の上、ご連絡ください。ご質問の内容によってはお答えできないものや返答に時間がかかってしまうものもあります。予めご了承ください。
●お電話での質問、本書の内容を超えるご質問などには一切お答えできませんので、予めご了承ください。
●落丁本、乱丁本など不良品については、小社営業部（TEL:03-6380-6132）までご連絡ください。

Printed in Japan

【お読みください】